Wie schaffen wir dem deutschen Volke Arbeit und Brot?

Drei Vorträge

gehalten

in Köln am 1. März 1926 anläßlich der Generalversammlung der Vereinigung von Banken und Bankiers in Rheinland und Westfalen e. V.

von

Dr. Georg Solmssen
Geschäftsinhaber der Disconto-Gesellschaft, Berlin

Dr. Paul Silverberg
Generaldirektor
der Rheinischen Aktien-Gesellschaft für Braunkohlenbergbau und Brikettfabrikation, Köln

Professor Dr. Christian Eckert
Geheimer Regierungsrat,
geschäftsführender Vorsitzender des Kuratoriums der Universität Köln

Berlin und Leipzig 1926
Walter de Gruyter & Co.
vormals G. J. Göschen'sche Verlagshandlung / J. Guttentag, Verlagsbuchhandlung / Georg Reimer / Karl J. Trübner / Veit & Comp.

Vortrag des Herrn Dr. Solmssen.

Meine sehr verehrten Herren! Gestatten Sie mir zuerst ein persönliches Wort. Es war mir vergönnt, Jahre hindurch als Vorsitzender an der Spitze der Vereinigung von Banken und Bankiers in Rheinland und Westfalen zu stehen, Jahre schweren Kampfes, Jahre fremder Besatzung, und so werden Sie es begreifen, daß ich heute voll tiefer Bewegung vor Sie trete, um im Anschluß an Ihre erste, wieder im freien Köln abgehaltene Generalversammlung das Wort zu der von Ihrem Präsidium gestellten Frage zu ergreifen: „Wie verschaffen wir dem deutschen Volke Arbeit und Brot?"

Diese Frage ist gleichbedeutend mit der größeren, unsere nationale Existenz umfassenden Frage: „Wie verschaffen wir dem deutschen Volke wieder seine Freiheit?" und so paßt denn dieses Thema so recht für die erste Ihrer Veranstaltungen, die im wieder frei gewordenen, heiligen Köln tagt.

Den Begriff der Freiheit werde ich darum für alles, was ich Ihnen zu sagen habe, als Leitstern betrachten; denn die Wirtschaftspolitik hat sich in den größeren Begriff der Volkspolitik einzuordnen. Für diese sehe ich aber als das einzige Ziel, dem sie unverrückbar zusteuern muß, die Freiheit an; zunächst wirtschaftliche Freiheit; denn sie ist die Vorstufe politischer Freiheit. Ohne wirtschaftliche Freiheit werden wir nie wieder politisch frei werden! Wir werden aber die wirtschaftliche Freiheit nie erringen, wenn wir nicht den entschlossenen Mut politischer Selbsterhaltung gegen uns und andere aufzubringen wagen!

Wenn ich beauftragt bin, als Bankpraktiker zu Ihnen zu sprechen, so bitte ich, mir nicht zu verargen, wenn ich mich bemühe, die Dinge von neutralem Standpunkt aus zu schildern. Wir Bankiers sind gehalten, immer wieder zu versuchen, die Wirtschaft als solche, frei von Standesinteressen zu begreifen, weil uns jeder Zweig der Wirtschaft als heischender entgegentritt und wir als Verwalter fremden Geldes pflichtgemäß jedem dieser Zweige gegenüber eine objektive Stellung einzunehmen haben.

Die Ansicht ist verfehlt, die glaubt, daß der Bankier ein Wettermacher der Wirtschaft sei. Wir können nichts, als das Barometer ihres Zustandes ablesen und danach unsere Entschlüsse fassen, und diese müssen in erster Linie dafür sorgen, daß unsere Betriebe liquid bleiben; denn, meine Herren, hinter uns stehen unsere Depositengläubiger, und die würden uns mit Recht auf's schwerste tadeln, wenn wir ihnen eine Liste schön eingefrorener Kredite zeigten und ihnen eines Tages sagten: seht, diese Schuldner zahlen uns nicht, darum können wir unsere Schulden an euch nicht bezahlen. Darum muß die Kreditpolitik der Banken und Bankiers sich stets einstellen auf die Frage: wie bleiben wir selbst liquid, und darin liegt der Zwang, sich in den durch die Wirtschaftlage vorgeschriebenen Bahnen zu bewegen.

Einen Einblick in diese Bahnen, wie sie sich für die Banken aus der Lage des Geldmarktes ergeben, liefern die folgenden Ziffern.

Es betrug in Milliarden die Gesamtsumme der Kreditoren der sechs Zweimonatsbilanzen veröffentlichenden Berliner Großbanken:

	am 30. Juni 1913	am 30. Juni 1925
	M. 4,4	M. 3,1
Davon waren fällig		
innerhalb 7 Tagen	M. 2,4	M. 1,7
innerhalb 3 Monaten	„ 1,3	„ 1,4
nach 3 Monaten.............	„ 0,7	„ 0,07

Diese Zusammenstellung zeigt einmal, daß die bei den fraglichen Banken überhaupt verfügbaren Gelder summenmäßig um 1,3 Milliarden M. zurückgegangen waren; des weiteren ergibt sich aber innerhalb dieser Beträge eine erhebliche Verschiebung zugunsten des kurzfristig angelegten und zuungunsten des langfristig angelegten Geldes. Das länger als drei Monate den Banken überlassene Geld machte in der Mitte des Jahres 1925 nur noch etwas über 2% der Gesamtsumme aus, gegenüber mehr als 15% zu der gleichen Zeit des Jahres 1913. Abgesehen davon, daß die Banken bei solcher Fristsetzung ihrer eigenen Kreditoren gar nicht anders können, als ihre eigenen Ausleihungen den ihnen selbst vorgeschriebenen Dispositionen ihrer Geldgeber anzupassen, müssen sie aus der sich in dieser Statistik offenbarenden Tendenz des Geldmarktes, sich, selbst unter Zinseinbuße, möglichst weitgehende Bewegungsfreiheit zu sichern, die Schlußfolgerung ziehen, stets auf plötzliche Rückforderungen ihrer Gläubiger gefaßt zu sein. Ich will auf die Gründe dieser Erscheinung an dieser Stelle nicht eingchen. Es genügt, sie hervorzuheben, um zu zeigen, daß der Gang der Wirtschaft die Gesetze für die private Kreditpolitik der Banken diktiert.

Wie schaffen wir dem deutschen Volke Arbeit und Brot? Daß es nötig war, diese Frage zu stellen, zeigt den vollen Ernst der Lage, in der sich unser Vaterland befindet; denn hinter dieser Frage steigt drohend das Gespenst des Hungers und der Verelendung auf.

Die längst latent bestehende Arbeitslosigkeit, deren Vorhandensein wir der Entente noch bei Erörterung des Dawes-Planes vergeblich gepredigt haben, ist nunmehr jedem faßbar vor Augen getreten. Ich brauche, um sie zu kennzeichnen, nur die Ziffern zu wiederholen, die der Reichsfinanzminister, Herr Reinhold, in seiner am 10. Februar d. J. gehaltenen Programmrede genannt hat: 2 000 000 Erwerbslose, 2 600 000 Zuschlagsempfänger, 2 500 000 Kurzarbeiter am 1. Februar! Nimmt man dazu, daß im Jahre 1925 10 813 Konkurse und 5 462 Geschäftsaufsichten verhängt wurden und die Zahl der Konkurse im Januar 1926 auf 2013 und im Februar 1926 auf 1920 und die Zahl der Geschäftsaufsichten in den gleichen Monaten auf 1428 bzw. 1465 gestiegen ist, so bedarf es keines weiteren Beweises dafür, wie schwer unsere Wirtschaft ringt, um unserem Volke Arbeit und Brot zu geben und wie bedrohlich sich die Dinge bereits zugespitzt haben.

Dabei befindet sich Deutschland in einer Finanzlage, wie sie schwieriger kaum gedacht werden kann und die sich immer wieder vor Augen zu führen, gut tut, um nicht dem Fehler zu verfallen, die gegenwärtige Krisis nur börsenmäßig als das Wellentief einer absteigenden Konjunkturperiode zu betrachten, das sich im Wechsel der Periode gleichsam automatisch zu ansteigender Kurve erheben werde. So einfach liegen die Dinge nicht! Die Fragen, die es jetzt zu lösen gilt, müssen mit tiefer greifenden Überlegungen angepackt werden; es handelt sich jetzt um mehr als vorübergehende Erscheinungen; es handelt sich um die Zielsetzung für die Zukunft von Jahrzehnten, um das Wohl und Wehe von Generationen, mit einem Worte darum, ob wir wieder frei werden oder Sklaven bleiben wollen.

Den Angelpunkt unserer Lage bildet unsere uns fesselnde Abhängigkeit vom Auslande. Dieselbe prägt sich aus:

1. in den Verpflichtungen aus dem Dawes-Plan und den Londoner Abmachungen, die, alles zusammengenommen, uns für die Jahre 1924 bis 1929 inklusive eine Gesamtverpflichtung von mindestens 7,6 Milliarden M. und von dann an von jährlich 2,5 Milliarden M. auferlegen;

2. in der Passivität der Handelsbilanz, die vom September 1924 bis zum August 1925 auf 4,3 Milliarden M. angestiegen war.

Mag man auch darauf hinweisen, daß der Dawes-Plan von vornherein als unerfüllbar bezeichnet worden ist, daß seine Durchführung an der Unmöglichkeit der Transferierung der geschuldeten Summen scheitern werde, daß die Passivität der Handelsbilanz mit auf die mit 3 bis 3½ Milliarden M. geschätzte Zufuhr fremden Kapitals zurückzuführen sei — es bleibt die Tatsache bestehen, daß wir, teils durch Vertrag, teils durch Verarmung, dem Auslande in so ungeheurem Umfange tributpflichtig geworden sind, daß sich daraus die schwersten Gefahren für unsere nationale Selbständigkeit ergeben können. Diesen Gefahren muß ins Auge gesehen werden, nüchtern und unbeeinflußt von allen zurzeit so beliebten verschwommenen Ideen über internationale Zusammenschlüsse. Es mag sein, daß die Menschheitsentwicklung einer Periode internationaler Verständigungen entgegenschreitet; es mag sein, daß sich die europäischen Staaten ihrer Selbsterhaltung zu Liebe zu engerer Zollunion zusammenschließen werden — all' das sind Zukunftspläne, die uns heute und morgen nicht satt machen und die an der Tatsache nichts zu ändern vermögen, daß Deutschlands Wirtschaft in weitestem Umfange in den Dienst fremder Interessen gestellt ist, zum Schaden seiner Volksangehörigen. Solange diese tributäre Abhängigkeit dauert, müssen Arbeit und Brot bei uns karg sein; denn was hilft es, wenn die Reparationsleistungen aus dem Staatssäckel bezahlt werden? Für die Leere dieses Staatssäckels müssen wir doch alle wieder selbst aufkommen. Darum müssen im ureigensten Interesse der deutschen Gesamtwirtschaft alle Kräfte eingesetzt werden, um ihr die Freiheit wiederzugewinnen und dadurch die Vorbedingungen für Abschüttelung der uns auch politisch fesselnden Bande zu schaffen. Zu all' dem wird uns niemand verhelfen, wenn wir uns nicht selbst helfen. Diese Selbsthilfe muß zielbewußt darauf gerichtet sein, uns wirtschaftlich wieder auf eigene Füße zu stellen, d. h. die Verpflichtungen aus dem sogenannten Friedensvertrage zu erfüllen, soweit die Erfüllung möglich ist, aber auch nicht darüber hinaus, und unsere Wirtschaft so umzustellen, daß wir wieder zu einer ausbalanzierten Handelsbilanz kommen, d. h. nicht *mehr* importieren, als wir mittels Export zu bezahlen in der Lage sind.

Nur die entschlossene Durchführung eines derart umschriebenen Programmes kann uns davor bewahren, in dauernde finanzielle Schuldknechtschaft zu versinken und damit kulturell und national zu Trabanten uns wesensfremder Gebieter zu werden. Wenn wir die Kraft zur Abwendung dieses Unheils nicht finden und es nicht über uns bringen, uns zu diesem Zwecke einheitlicher, zielbewußter Führung zu unterwerfen, so wird uns nichts davor bewahren, dem vae victis zu erliegen, das ins Moderne übersetzt lautet: il y a vingt millions d'allemands de trop.

Wie brennend nötig unsere wirtschaftliche Befreiung von ausländischer Herrschaft ist und welche Gefahren die Hinnahme des gegenwärtigen Zustandes als Dauereinrichtung in sich birgt, erhellt, wenn man den Bericht des Reparationsagenten vom 30. November 1925 durchsieht. Der darin zutage tretende Optimismus zeugt von einer sehr einseitigen Auffassung der Sachlage, die vom Standpunkt seiner Verfasser durchaus verständlich ist; denn der Bericht kann voller Genugtuung konstatieren, daß die planmäßigen Zahlungen und Leistungen an die Gläubigerstaaten regelmäßig und den Erwartungen entsprechend vor sich gegangen sind. Der Reparationsagent betrachtet eben — was politisch begreiflich ist — Deutschland lediglich vom Standpunkt des Gläubigers, den der Schuldner nur so weit interessiert, als er pünktlich zahlt. Wie das der Schuldner zustande bringt, ist dem Vertreter der Gläubigerstaaten herzlich gleichgültig.

Es ist an uns, mit allem Nachdruck der Feststellung dieses Berichtes zu widersprechen, daß der Dawes-Plan die Festsetzung dessen gesichert hat, was auf Grund tatsächlicher Erfahrung ohne Nachteil als Reparation gezahlt und übertragen werden könne. Die Sorge für den weiteren Transfer können wir den Ententestaaten überlassen, aber daß hinter den geleisteten Zahlungen Not und Elend größten Umfanges stehen, das wollen wir vernehmlich aussprechen.

Wie falsch der Reparationsagent die Lage beurteilt, beweist seine Darstellung der Entwicklung der Arbeitslosigkeit. Er hebt hervor, daß die Zahl der Arbeitslosen im Herbst 1925 zwar ein gewisses Ansteigen gegenüber den Vormonaten zeige, aber gegenüber dem Vorjahr erheblich gesunken sei. Daß sich jeder einigermaßen mit den Verhältnissen Vertraute Ende November 1925 darüber klar sein mußte, daß dieser Winter ein entsetzliches Ansteigen der Arbeitslosigkeit als Symptom einer außerordentlich schweren Krisis bringen würde, war dem Reparationsagenten unbekannt geblieben. Er sieht Anzeichen der Besserung, weil wir unseren Verpflichtungen getreulich nachgekommen sind; um welchen Preis das geschehen ist, interessiert ihn nicht. Die Not unserer Landwirtschaft ist ihm völlig fremd.

Das vernichtendste, aber durchaus richtige Urteil, das über den Bericht des Reparationsagenten gefällt worden ist, stammt von keinem Geringeren als John Maynard Keynes. Er sagt in einem am 6. Februar d. J im „Spectator" veröffentlichten Artikel:

„Ich habe von Anfang an auf dem Standpunkt gestanden, daß das Reparationsproblem, sobald man wirklich an dessen Lösung mit Ernst herangeht — und das geschieht jetzt zum ersten Male — ein Lohnproblem für den deutschen Arbeiter werden muß.

Die ganze Tätigkeit des Transferkomitees wird sich also — und je länger die Zeit dauert, in einem um so schärferen Maße — darauf konzentrieren, den Lebensstandard der deutschen Arbeiterschaft herabzudrücken. Die erste Phase des Dawesplanes hat Deutschland die ihm so notwendige Atempause gegeben und ihm gestattet, seinen Kredithunger durch Auslandsanleihen zu stillen. Von dieser Entwicklung hat natürlich die deutsche Arbeiterschaft profitiert. Die gefährliche Arbeitslosigkeit, die wir jetzt erleben, ist meiner Meinung nach die erste Episode der zweiten Phase, nämlich des Versuches, Preise und Löhne durch ein System der Krediteinschränkung künstlich herabzudrücken. Ich kann mir vorstellen, daß diese Methode teilweise den Erfolg hat, die Löhne zu senken, das Transferkomitee braucht aber nicht nur niedrige Löhne, sondern auch einen stark entwickelten Ausfuhrhandel, und ich zweifle sehr, ob die Methode der Krediteinschränkung diesen doppelten Erfolg zeitigen kann. Vielleicht wird das Komitee mit der Zeit dazu gezwungen sein, den Lohnabbau durch direkte Maßnahmen anzugreifen.

„Gesunde Finanzpolitik“ hat heute die deutsche Volkswirtschaft an der Gurgel genau so wie sie an der Kehle der englischen Wirtschaft sitzt. Ich glaube an einen Umschwung der Dinge nur durch politischen Kampf. Die führende Unternehmerschaft in Deutschland ist durchaus bereit, in loyaler Weise mit den Dawes-Kommissionären zusammenzuarbeiten, teilweise aus Liebe zur Ruhe und teilweise, um sich die Gunst der ausländischen Finanzinteressen zu erhalten. *Ich kann mir aber vorstellen, daß sich mit der Zeit eine Situation ergibt, in der keine deutsche Regierung, die sich an die Vorschriften des Transferkomitees hält, mehr vom Volksvertrauen getragen ist.*

Ich kann den optimistischen und friedlichen Ton des ersten Jahresberichtes nicht teilen und sehe der Zukunft mit größter Sorge entgegen. *Wie die Dinge heute liegen, ist Deutschland der wirtschaftliche Gefahrpunkt Europas.*“

Es ist trotzdem gut, daß der Bericht des Reparationsagenten erschienen ist, damit denen, die sich immer noch in Utopien über das Verhältnis des Auslandes zu uns wiegen, wiederum klar gemacht werde, daß die Beziehungen der Nationen stets unter dem harten Gebot des Selbsterhaltungstriebes stehen und unsere Gläubigerstaaten deshalb gar nicht anders können, als uns lediglich von dem Gesichtspunkt unserer Zahlungsfähigkeit zu betrachten.

Der Bericht zeigt aber des weiteren, daß man im Auslande über eine ganze Reihe unserer öffentlichen Maßnahmen genau so kritisch denkt, wie das bei uns der Fall ist. Es würde zu weit führen, hierauf im einzelnen einzugehen. Es sei nur darauf hingewiesen, daß der Reparationsagent den Mangel an Sparsamkeit unserer öffentlichen Verwaltungen, die unklare Finanzwirtschaft der Länder und Kommunen, das ungeregelte Finanzverhältnis zwischen dem Reich und seinen Gliedern, die Betätigung der öffentlichen Hand auf allen möglichen Gebieten des Erwerbslebens genau so kritisiert, wie solches jeder Deutsche tun muß, der an diese Fragen objektiv herantritt. *Man soll sich deshalb nicht einbilden, daß es möglich sein wird, die dringend erforderlich werdenden Verhandlungen über die Abgrenzung der Reparationsleistungen nach Zeit und Summe zu beginnen und mit Erfolg durchzuführen, so lange uns entgegengehalten werden kann, daß unsere Zahlungskapazität durch von uns selbst geduldete Mißstände unserer Verwaltung beeinträchtigt werde.*

Welches sind nun die Gründe des beängstigenden Zustandes, in dem wir uns befinden? Sie sind in dem Zusammentreffen tiefgreifender Umwälzungen innerhalb der gesamten Weltwirtschaft mit den Wirkungen zu suchen, welche die Veränderung unserer eigenen inneren Verhältnisse nach sich gezogen hat.

Der Krieg hat die Produktions- und Absatzverhältnisse der gesamten Welt gegenüber der Vorkriegszeit wesentlich verändert. Allenthalben sind durch ihn als Schöpfer der Dinge Industrien in Gebieten entstanden, die früher vom Auslande abhängig waren. Dementsprechend ist die internationale Arbeitsteilung zwischen den industrielle Produkte hervorbringenden und den Rohstoffe und Lebensmittel produzierenden Ländern, verglichen mit der Vorkriegszeit, wesentlich verschoben. Die Schaffung der Kriegsindustrien hat die Zentren der Produktion geographisch verlegt. Die Kaufkraft weiter Gebiete ist erlahmt, das Erwachen des nationalen Geistes hat das übrige getan, um gänzlich neue Verhältnisse zu schaffen. So präsentiert sich ein wirtschaftliches Weltbild, aus dem folgende, den Unterschied gegenüber der Vergangenheit zeigende Ziffern herausgegriffen werden mögen, die unschwer erheblich erweitert werden könnten. Außerordentlich interessantes, umfassendes Material enthält der im Juni 1925 unter dem Titel „Survey of Overseas markets" erstattete Bericht der von Ramsay Mac Donald eingesetzten, unter dem Vorsitz von Sir Arthur Balfour stehenden Kommission zur Prüfung der Bedingungen und Aussichten der britischen Industrie und des britischen Handels.

Die Welt-Roheisen- und -Rohstahlproduktion hat sich im Jahre 1925 gegenüber dem Jahre 1913 wie folgt gestaltet. Es produzierten in Millionen Tonnen

	Roheisen		Rohstahl	
	1913	1925	1913	1925
Vereinigte Staaten	30,7	36,4	31,3	45,5
England	10,3	6,2	7,6	7,5
Frankreich	5,1	8,3	4,6	7,3
Deutschland	19,0	10,5	18,6	12,5
Die übrigen Länder	12,1	14,1	12,9	16,2

Der amerikanische Anteil an der Weltkohlenproduktion betrug im Jahre 1913 39,6%, im Jahre 1925 46,3%; der europäische Anteil ist in der gleichen Zeit von 54,4% auf 46% zurückgegangen.

Die englische Ausfuhr an Baumwollzeug betrug in tausend Quadrat Yards im Jahre 1913 7 100 000, dagegen in den Jahren 1923/24 durchschnittlich nur noch 4 200 000.

Andererseits hat die japanische Textilindustrie in den Jahren 1913 bis 1918 die Zahl ihrer Spindeln um 170%, diejenige der Webstühle um 160% gesteigert; die Spindelzahl, die in Japan 1914 2,4 Millionen betrug, ist im Jahre 1925 bereits auf 5,1 Millionen angewachsen.

Ähnlich hat sich in Indien die Spindelzahl von 6,3 Millionen im Jahre 1914 auf 8,3 Millionen im Jahre 1925 erhöht. Die Produktion von Seide ist in der Zeit von 1913 bis 1918 in J a p a n um 643 %, diejenige von Glas um 534 % und diejenige von Porzellan um 270 % gestiegen.

Eine parallele Entwickelung zeigt sich in C h i n a, wo sich die Baumwollspindeln in der Zeit von 1915 bis 1921 um 450 %, die Webstühle um 300 % vermehrten.

Diese, den Eintritt A s i e n s in die Reihe der industriellen Konkurrenten beweisenden Beispiele ließen sich noch beliebig vermehren; ist doch der Anteil Asiens an der Weltwirtschaft auf der ganzen Linie in einem für Europa beängstigenden Fortschritt begriffen.

Eine in Nr. 117 der „Frankfurter Zeitung" vom 13. Februar d. J. enthaltene Zusammenstellung gibt hierüber lehrreichen Aufschluß.

Der Außenhandel Europas repräsentierte in Millionen Reichsmark

im	Jahre	1913	einen	Wert	von	108 603,1 = 64,2 %
„	„	1923	„	„	„	108 222,9 = 51,9 %

des Außen-Welthandels.

Diese Ziffern zeigen einen erheblichen Rückgang, denn der Geldwert ist seit 1913 um etwa 30 % gefallen. Dagegen repräsentierte der Außenhandel Asiens, ebenfalls in Millionen Reichsmark,

im	Jahre	1913	einen	Wert	von	17 117,8 = 10,1 %
„	„	1923	„	„	„	29 674,5 = 14,2 %

des Außen-Welthandels.

Besonders bemerkenswert ist das rasche Tempo, in dem sich diese Entwickelung abspielt, und das demjenigen der gleichen Vorgänge in Europa weit überlegen ist.

Von großer Bedeutung ist, daß, wie die Zergliederung dieser Ziffern zeigt, der Löwenanteil dieser Entwickelung auf Japan entfällt, das zielbewußt eine Handelspolitik betreibt, die darauf gerichtet ist, seine Industrie auf dem Weltmarkt konkurrenzfähig zu machen. Gleichzeitig tritt deutlich hervor, daß China ganz energisch dahin strebt, sich die Zoll-Autonomie zu erringen und für seine eigene industrielle Entwickelung die Bahn frei zu machen. Die „Frankfurter Zeitung" weist deshalb mit Recht darauf hin, daß die Auswirkung dieser Erscheinungen noch lange nicht beendet ist, und weitere gewaltige Erschütterungen der Weltmärkte nach sich ziehen werde.

Die Umschichtung der Weltwirtschaft bezieht sich nicht nur auf die industrielle Erzeugung und ihren Absatz. Auch die agrarischen Produktionsstätten haben sich gegenüber der Vorkriegszeit erheblich zu Ungunsten Europas verschoben. Nach den Feststellungen des Instituts für Weltwirtschaft und Seeverkehr in Kiel hat sich in den Vereinigten Staaten und in Canada die Anbaufläche für Weizen, Roggen, Hafer, Gerste und Mais gegenüber der Vorkriegszeit um etwa 19% gehoben. An dieser Steigerung ist Canada in erster Linie beteiligt. Der Viehbestand an Pferden, Rindern, Schafen und Schweinen hat sich in den Vereinigten Staaten um 6% bis 7 % vermindert, während der Rinderbestand allein eine Vermehrung von 16% aufweist. In Canada haben alle Vieharten erheblich zugenommen; der Rinderbestand allein um 52,6%. Dagegen ist die landwirtschaftliche Produktion in Rußland um 50% bis 75% zurückgegangen, desgleichen in Frankreich, wo sie sich trotz des Zuganges von Elsaß-Lothringen um 28% für Weizen, um 25% für Roggen und um 12% für Gerste und Hafer gesenkt hat, ebenso in Belgien, wo sie um 25% gefallen ist.

Gleichzeitig ist die Kaufkraft der Welt entsetzlich gesunken. Der Krieg hat schätzungsweise mittelbar und unmittelbar 25 Millionen Menschen das Leben gekostet, der Tod dieser Hekatomben hat ungezählte Scharen ihrer Angehörigen ins Elend gestoßen. Die durch den Krieg verursachte Zahl der Arbeitslosen der Welt wurde im März 1922 vom deutschen Reichsarbeitsamt auf 30 Millionen Menschen geschätzt, wovon auf Europa allein 12 Millionen entfallen, von denen 4 Millionen Arbeitslose und 8 Millionen deren Angehörige sind.

Die Folgen der vorstehend kurz skizzierten Umwälzungen zeigen sich als weit um sich greifende Schutzzollbewegung. Allenthalben wird der staatliche Schutz angerufen, um die während des blutigen

Ringens der Völker um den Sieg mit den Waffen wirtschaftlich entstandenen und durch die Friedensverträge geschaffenen Verhältnisse zu erhalten. Daraus hat sich ein Wirtschaftskrieg entwickelt, der, vielfach durch nationalen Chauvinismus unterstützt, den Güteraustausch zwischen den Völkern außerordentlich erschwert und, verglichen mit der Vorkriegszeit, zu einer gänzlich neuen wirtschaftlichen Entwickelung zwingt.

Wie stehen wir nun selbst dieser aus den Angeln gehobenen Weltwirtschaft gegenüber?

Selbst Götterkräfte würden sich vergeblich gemüht haben, in der Kürze der Zeit, die seit dem sogenannten Friedensschluß verstrichen ist, und unter dessen Bedingungen ein auch nur einigermaßen brauchbares wirtschaftliches Gebilde wiederherzustellen. Und so ist denn das Gleichgewicht unserer Handelsbilanz völlig gestört. Während wir vor dem Kriege ein wohlausgeglichener Wirtschaftsstaat waren, der jährlich mühelos die 700 Millionen Mark aufbringen konnte, die ihm an Export gegenüber seinem Import fehlten, übersteigt jetzt unser Verbrauch die zu seiner Bezahlung dienende Gütermenge in so riesenhaftem Umfange, die uns allenthalben dem Wiederaufbau unseres Exports entgegenstehenden Hemmungen sind so groß, daß nicht mehr erwartet werden kann, eine Fortentwicklung in bisheriger Weise werde den Ausgleich bringen. Es liegt deshalb die Frage nahe, ob der notwendige Export und die hinter ihm stehende Industrialisierung nicht durch eine autarkische Wirtschaft abgelöst werden können, ob nicht vielleicht die Zeit gekommen ist, den Gedanken des geschlossenen Handelsstaates, wie ihn v. Thünen erträumt hatte, in die Tat umzusetzen und dadurch allen Angehörigen unseres Volkes die Gewähr von Arbeit und Brot zu geben.

Nähere Prüfung zeigt, daß die Vorbedingungen für eine derart selbstgenügsame Wirtschaft vorläufig noch nicht gegeben sind und daß, um sie im Rahmen des Möglichen zu verwirklichen, noch sehr viel zu geschehen hätte.

Nach den auf Grund der amtlichen Statistik von dem Institut für Weltwirtschaft und Seeverkehr in Kiel angestellten Berechnungen, die Professor Harms in seinem Werke über die Zukunft der deutschen Handelspolitik wiedergibt, haben im Jahre 1912 bei einem Einfuhrüberschuß an Brotgetreide von 1,1 Millionen Tonnen 6,7 Millionen Deutsche von ausländischem Getreide gelebt. Für das Jahr 1924 hat sich bei einem Einfuhrüberschuß von 2 Millionen Tonnen diese Ziffer auf mindestens 14 Millionen erhöht. Harms hebt mit Recht hervor, daß, wenn alle unmittelbaren und mittelbaren Ernährungsmöglichkeiten in Betracht gezogen werden, diese Ziffer auf weit über 20 Millionen ansteigt. Der alte Clemenceau hat also in Versailles einen erschreckend guten Blick in die Zukunft getan!

Es wird geschätzt, daß durch seine regelmäßige Bevölkerungszunahme Deutschland in 5 Jahren eine Einwohnerzahl von etwa 66 Millionen erreichen wird. Legt man einschließlich Saatgetreide und Verfütterung die amtliche Schätzung von 224,4 kg Brotgetreidebedarf pro Kopf der Bevölkerung zugrunde, so ergäbe sich ein Gesamtbedarf von 14,8 Millionen Tonnen, was gegenüber der sehr guten Ernte des Jahres 1923 ein Manko von 5,2 Millionen Tonnen und gegenüber derjenigen des Jahres 1924 ein solches von 6,7 Millionen Tonnen, d. h. so viel betrüge, daß, um es zu decken, die gesamte Roggenernte Deutschlands verdoppelt werden müßte.

Auch die Kartoffelproduktion reicht nicht aus, um den heimischen Bedarf zu decken. Im Jahre 1924 mußten 220 000 Tonnen, im Jahre 1925 120 000 Tonnen eingeführt werden.

Die Gründe dieser Manki sind klar. Der deutsche Gebietsverlust beträgt 12,7%, der Verlust an Ackerland 15,4%, dagegen aber der Verlust der Bevölkerung nur 8,5% der Vorkriegszeit, so daß jetzt auf den Quadratkilometer 133,1 Einwohner entfallen gegen 123,3 in der Vorkriegszeit. Ferner hat seit der Vorkriegszeit eine erhebliche Verschiebung der Ernteflächen, Erntemengen und Verbrauchsgewohnheiten Platz gegriffen. Die Ernteflächen sowohl wie die Erntemengen haben sich, verglichen mit dem Mittelstande der Jahre 1911 bis 1913 erheblich verringert, der Ertrag pro Flächeneinheit ist aber stärker als die angebaute Fläche zurückgegangen.

Im Mittel der Jahre 1911/13 waren im heutigen Reichsgebiet 7 000 000 ha mit Brotgetreide bestellt, im Jahre 1924 5 800 000 ha und im Jahre 1925 6 300 000 ha.

Der Brotgetreideertrag derselben Flächen, der im Mittel der Jahre 1911/13 13 700 000 t betrug, sank im Jahre 1924 auf 8 200 000 t, um in dem guten Erntejahr 1925 auf 11 400 000 t anzusteigen.

Es hat sich mithin der Anbau von Brotgetreide um 10%, und der Ertrag daraus um 20% vermindert. Diese Ziffern müssen eingeholt werden, um nur den Vorkriegsstand für das jetzige Reichsgebiet wieder zu erreichen. Erschwerend tritt hinzu, daß eine sehr fühlbare Änderung der Konsumgewohnheiten eingetreten ist. Der Verbrauch von Roggen hat für die Zwecke der menschlichen Ernährung sehr stark nachgelassen. Zum Teil mag das die Reaktion gegen die schlechte Qualität des Kriegsbrotes sein, das die Bevölkerung während der Hungerjahre der Kriegszeit und der ihr folgenden „friedlichen“ Blockade essen mußte, zum Teil mag der durch die allgemeine Verarmung veranlaßte starke Rückgang des Fleisch- und Fettkonsums Anlaß sein, daß zu dem ergiebigeren Weizenmehl als Ersatz gegriffen wird, genau so wie die Schokolade in weitem Umfange an Stelle des Genusses von Fleisch und Fett getreten ist. Ist doch der Fleischkonsum, der nach den vom Statistischen Reichsamt herausgegebenen Ziffern im Jahre 1913 44,5 kg per Kopf der Bevölkerung betrug, im Jahre 1922 auf 25 kg und im Jahre 1923 auf 21,3 kg gefallen.

Daraus ergeben sich Verhältnisse, die auf die Dauer unhaltbar sind. Die verringerte Nachfrage nach Roggen hat zu einer desaströsen Preisbildung dieses Produktes geführt. Der märkische Roggen notiert an der Berliner Produktenbörse M. 145 p. t gegen M. 160 im Durchschnitt des Jahres 1913, während der Großhandelsindex für Lebensmittel auf 115, und für Industriestoffe auf 130 gestiegen ist. Demzufolge können nach fachmännischer Schätzung 3 000 000 bis 4 000 000 t Roggen im Inlande nicht verwertet werden und verfallen dem Export. Wenn hierfür entsprechend der Nachfrage die gleiche Menge Weizen eingeführt wird, die aber den doppelten Preis des Roggens bedingt, ergibt sich, daß an das Ausland aus diesem Anlaß mindestens M. 500 Millionen mehr zu bezahlen sind als für den exportierten Roggen erzielt werden können.

Die Betrachtung unserer sonstigen Ein- und Ausfuhrziffern zeigt folgendes Bild:

Die gesamte Einfuhr betrug im Jahre 1913 etwas über M. 11 Milliarden; sie beträgt dagegen während der Zeit September 1924 bis einschließlich August 1925 M. 13 Milliarden, weist also ein Plus von mehr als $^1/_6$ der gesamten Einfuhrsumme auf. Nach den Feststellungen des Reichsverbandes der deutschen Industrie zeigt die Zergliederung dieser Summen, daß darin in Milliarden Mark enthalten sind für die Zeit vom September 1924 bis inkl. August 1925, verglichen mit dem Jahre 1913,

für Lebensmittel und Getränke .	4,1	gegen	2,8
für Fertigwaren	2	„	1,4
für Rohstoffe und Halbfabrikate .	6,3	„	6,2

Anderseits ist der deutsche Export von M. 10,2 Milliarden im Jahre 1913 auf M. 8,2 Milliarden in 1924/25 zurückgegangen. Darin sind Fertigfabrikate im Werte von M. 6,2 Milliarden gegen M. 6,75 Milliarden im Jahre 1913 enthalten. Unter Reduktion auf die Gegenwartswerte ergibt das ein Sinken der Ausfuhr der industriellen Fertigwaren um etwa 33% und ein Steigen der Ausgaben für Nahrung und fertige Produkte um 50%.

Diese ominösen Zahlen spiegeln die ungeheuren Schwierigkeiten wieder, welche wir zu überwinden haben, um der Gesamtheit unserer Bevölkerung Arbeit und Brot zu verschaffen. Diese Zahlen zeigen aber auch, wenn man sie als Wirkungen der sie verursachenden weltwirtschaftlichen Vorgänge betrachtet, daß es auf die Dauer um nichts Geringeres geht, als unserem Volke als Ganzem in seinem jetzigen und kommenden Umfange wieder zu einer auf eigener Kraft beruhenden, selbstsicheren Existenz zu verhelfen, einer Existenz, die, wenn nichts Entscheidendes geschieht, zweifellos bedroht ist.

Gegen diese Gefahr kann nur ein großzügiges Programm helfen. Für ein solches wage ich drei Forderungen zu erheben:

1. auf weite Sicht eingestellte Hebung der Ertragsfähigkeit des deutschen Bodens zwecks allmählicher Ausschaltung des Imports solcher Nahrungsmittel, die im Lande selbst erzeugt werden können;
2. Einschränkung allen vermeidbaren Imports;
3. Schaffung eines größtmöglichen Exportüberschusses zur Begleichung allen nicht vermeidbaren Imports und zur Gewinnung der Mittel, um die uns auferlegten Lasten abzutragen und baldmöglichst unsere Freiheit vom Auslande wiederzugewinnen.

Versuchen wir, in großen Zügen die Schlußfolgerungen zusammenzustellen, die sich aus diesen drei Forderungen ergeben.

Was zunächst die Hebung der landwirtschaftlichen Erzeugung betrifft, so liegt es mir fern, mich als gänzlicher Laie auf diesem Gebiete vermessen zu wollen, Richtlinien dafür aufzustellen, was zu geschehen hätte, um die heimische Produktion zu erhöhen. Ich kann mich nur an das anlehnen, was fachkundige Beurteiler festgestellt haben. Da ergibt sich folgendes:

Von den sachverständigen Stellen, so insbesondere von dem deutschen Landwirtschaftsrat, ist erklärt worden, daß technisch und betriebswissenschaftlich die Nahrungsfreiheit Deutschlands von fremdem Import erreicht werden könne. Bei näherem Eindringen in die diese Behauptung stützenden Feststellungen zeigt sich, daß tatsächlich, rein wissenschaftlich gesehen, es durchaus möglich sein müßte, dieses Ziel zu erreichen. Die Berichte der staatlichen und genossenschaftlichen Versuchsstationen, die über das ganze Reich verstreut sind, ergeben, daß bei richtiger Auswahl des Saatgutes, moderner Düngung und Bestellung des Bodens und entsprechender Behandlung der Frucht sich die Weizen-, Roggen- und Kartoffelerträge gegenüber dem Durchschnitt, wie er jetzt im Deutschen Reich erzielt wird, verdoppeln und teilweise verdreifachen lassen. Auf der Tagung des Vereins Deutscher Ingenieure in Augsburg am 10. Mai 1925 ist vor Augen geführt worden, in welchem Umfange rationelle Mechanisierung der landwirtschaftlichen Verrichtungen, insbesondere die Verwendung von Drill- und Breitsaat gegenüber der Handsaat den Wirkungsgrad des Getreideanbaus zu heben vermag. In den Provinzen Brandenburg und Hannover ist der Ertrag der auf diese Weise bestellten Äcker an Roggen, Weizen, Gerste und Hafer per Hektar um 25% bis 40% höher als im Freistaat Bayern. Einzelne Mustergüter haben bei Verwendung besonderer Saatsorten bei einer Aussaatmenge von 56 kg per ha 4,32 Tonnen per ha erzielt, gegenüber den durchschnittlichen Zahlen der Provinz Brandenburg, die bei einer Aussaatmenge von 165 kg nur 2 Tonnen ergaben.

Ähnlich liegt es in der Fleisch- und Milchwirtschaft. Auch da zeigt sich, daß bei rationeller Futterwahl und Zucht sich Verdoppelungen der Erträge gegenüber dem üblichen Durchschnitt erzielen lassen. Die Summen, welche bei rationeller Anwendung dieser Möglichkeiten dem deutschen Volkseinkommen zugeführt werden könnten, sind gewaltig und ergeben phantastische Ziffern, wenn man sich daran gibt, diese Möglichkeiten in Zahlen umzusetzen.

Über das, was zu geschehen hat, um angesichts der Situation eine zielbewußte Entwicklung der Volksversorgung mit Nahrungsmitteln einzuleiten, gehen die Ansichten auseinander. Die rein agrarischen Kreise stehen auf dem Standpunkt, daß zwecks Herbeiführung der Unabhängigkeit der Versorgung vom Auslande, Agrarschutzzölle einzuführen seien, hinter deren Mauern die Agrarwirtschaft sich zu der erforderlichen Produktionsfähigkeit entwickeln solle. Man kann sich bei näherem Studium dieser Frage des Eindruckes nicht erwehren, daß hier der Wunsch der Vater des Gedankens ist und daß die Schwierigkeiten unterschätzt werden, welche zu überwinden sind, um der Produktion der Agrarwirtschaft diejenige Höhe zu geben, welche erforderlich wäre, um eine derartige Zollpolitik treiben zu dürfen. Mit Recht wird darauf hingewiesen, daß eine Steigerung der Produktion nicht von heute auf morgen herbeigeführt werden kann, sondern es sehr sorgsamer, intensiver Kleinarbeit und Erziehung bedarf, welche erst in jahrelangem Aufbau zu Erfolgen führen können. Angesichts der Übervölkerung Deutschlands vom Ernährungsstandpunkte aus, wie sie in den vorhin mitgeteilten Ziffern zutage tritt, wäre es va banque Spiel, wenn man die Einfuhr der Nahrungsversorgung durch Zölle erschweren wollte, bevor die Landwirtschaft sich wirklich in den Stand gesetzt hat, die Versorgung aus sich zu bestreiten.

Ein Blick in die Arbeiten der auf diesem Gebiete tätigen wissenschaftlichen Kreise zeigt, daß hier zwischen Theorie und Praxis ein großer Riß klafft. Es erscheint durchaus einleuchtend, wenn Geheimrat Aereboe das weitsichtige Ziel aufstellt, die agrarische Industrialisierung Deutschlands durchzuführen. Man braucht als Vorbild nur auf Dänemark zu verweisen, das mit einer Einwohnerschaft von 3 400 000 es zustande gebracht hat, sich zum Hauptversorger Englands für Qualitätsnahrungsmittel zu machen. Während die deutsche Landwirtschaft es z. B. mit ansieht, daß in 11 Monaten des Jahres 1925 bei uns 2,4 Milliarden Eier importiert wurden, hat das kleine Dänemark einen Export von 680 Millionen Eiern jährlich erzielt. Während wir in der gleichen Zeit des Vorjahres rund 95 000 t Butter importiert haben, hat Dänemark einen Jahresexport von 112 000 t Butter aufzuweisen und zwar, was mit Rücksicht auf später zu Sagendes dick unterstrichen werden muß, bei einem steigenden

Selbstverbrauch von Margarine, die der sparsame dänische Bauer der Butter vorzieht, um diese für den Verkauf frei zu halten. Selbstverständlich kann man diese Verhältnisse nicht ohne weiteres miteinander vergleichen. Fest steht aber jedenfalls und wird von ersten landwirtschaftlichen Sachverständigen bestätigt, daß die agrarische Industrialisierung Dänemarks, welche im wesentlichen auf der Einfuhr der Rohstoffe aufgebaut ist, indem ¼ der gesamten Einfuhr im Werte von rund Kr. 2 Milliarden auf Korn, Futterstoffe und Düngemittel entfällt, durch glänzende Organisation zustande gekommen ist. Hierauf fußend, hat sich ein agrarisches Exportgeschäft größten Stils unter voller Anpassung an die Bedürfnisse der ausländischen Abnehmer entwickelt, so daß Dänemark in England in erfolgreiche Konkurrenz mit Canada und den Vereinigten Staaten treten konnte und diese in immer höherem Umfange von dort verdrängt.

Die Grundlage dieser Entwicklung bildete der Ausbau des Genossenschaftswesens. Im Jahre 1922 gehörte in Dänemark bereits jeder zehnte Einwohner einer agrarischen Genossenschaft an. 90% der Milch-, 60% der Fleisch-, 50% der Eierproduktion sind genossenschaftlich organisiert. Es liegt auf der Hand, daß eine derart festgefügte Organisation eine vorzügliche Basis für eine Kreditbeschaffung großen Stils bildet.

A e r e b o e weist darauf hin, daß die Einfuhr von Qualitätswaren, wie sie Dänemark exportiert, im Ausland viel weniger mit Schutzzöllen zu kämpfen hat, als Industrieprodukte und daß die Vorbedingungen für eine gleichartige agrarische Industrialisierung in Deutschland durchaus nicht schlechter liegen als dort. Dänemark sei für Rindviehhaltung einem Teil unserer Vieh produzierenden Gegenden überlegen, während wir einen erheblichen Vorsprung vor Dänemark in der Schweinezucht hätten, da wir in der Lage wären, den Kartoffelbau in ganz anderer Weise zu forcieren, als dies Dänemark möglich sei.

Ähnlich liegen nach A e r e b o e die Verhältnisse bezüglich der Molkereiprodukte, die wir nach seiner Ansicht, genau so wie Dänemark, Holland und Finnland, herstellen könnten mit der Wirkung, uns vom Import freizumachen und einen Exportüberschuß zu erzielen.

Geht man diesen Dingen näher nach, so ergeben sich folgende, der Reichsstatistik entnommene überraschende Ziffern.

Es wurden laut der amtlichen Reichsstatistik in den Monaten Januar/Dezember 1925 im Werte von M. 1000 ein- bzw. ausgeführt:

	Einfuhr:	Ausfuhr:	Einfuhr-Überschuß:
Kartoffeln	45113	20458	24655
Hopfen	47118	7566	39562
Wirsingkohl	1798	57	1741
Rosenkohl	2060	7	2053
Tomaten	21042	150	20892
Karotten, Kohlrabi, Sellerie, Rettiche, Radieschen	1716	112	1604
Frische Blumen	15863	1898	13945
Haselnüsse	13196	171	13025
Äpfel	51887	491	51396
Birnen u. Quitten	13024	385	12639
Pfirsiche	5136	409	4727
Zwetschgen	2563	1302	1261
Aprikosen	3774		3774
Kirschen	3433	490	2943
Erdbeeren	2664	10	2654
Himbeeren, Johannisbeeren, Stachelbeeren	1501	59	1442
Brombeeren, Heidelbeeren, Preißelbeeren	5048	600	4448
Getrocknetes Obst	32710	2269	30441
Bohnen	6042	28	6014

	Einfuhr:	Ausfuhr:	Einfuhr-Überschuß:
Eier	276416	1993	274423
Milch	60600	600	60000
Käse	150000	1500	148500
Butter	348000	500	347500
Kaninchenfelle	8439	2247	5192

Diese Auslese zeigt bereits einen Importüberschuß von mehr als einer Milliarde Mark, die für ihrer Art nach im Inlande erzielbare Produkte an das Ausland gezahlt werden müssen.

Es soll nicht behauptet werden, daß diese Gesamtsumme auf deutschem Boden erzeugt werden könnte und es liegt auch auf der Hand, daß das Problem, den Import landwirtschaftlicher Erzeugnisse einzuschränken, in gleichem Maße eine finanzwirtschaftliche wie eine agrartechnische Aufgabe darstellt. Es ergibt sich aber aus dem Gesagten die zwingende Notwendigkeit, diese Dinge nicht laufen zu lassen, wie sie eben zufällig laufen, sondern der Entwicklung eine zielbewußte, nach weiten Gesichtspunkten eingestellte Richtung zu geben. Die Gelegenheit, in dieser Hinsicht zu Werke zu gehen, ist jetzt gegeben. Mehr denn je bedarf die Landwirtschaft der Kreditgewährung, die nur auf die gemeinsame Haftung zusammengefaßter Komplexe gegründet werden kann und die, wie die jüngste Transaktion zwischen Golddiskontbank und Rentenbank-Kreditanstalt zeigt, ohne Mitwirkung der staatlichen Organe undenkbar ist. Wenn dieser 500 Millionen M. betragende Kredit im wesentlichen dazu diente, der Landwirtschaft dazu zu verhelfen, kurzfristige Kredite abzutragen, so muß nunmehr dahin gestrebt werden, die weitere Kreditgewährung großen Stils mit der Hebung der der Produktion dienenden Maßnahmen zu verkuppeln. Wie das zu geschehen hat, muß Gegenstand eingehender Prüfung werden. Ich kann mir die Durchführung dieses hiermit in rohen Zügen zwecks weiterer Diskussion aufgestellten Planes nur in der Weise denken, daß, möglichst ohne behördlichen Eingriff, die landwirtschaftlichen Selbstverwaltungskörper die Normen dafür fixieren, welche Vorschriften zwangsweise von allen, der Organisation angeschlossenen Mitgliedern befolgt werden müssen, um Kredithilfe zu erlangen. Es sind also umfassende Meliorationspläne aufzustellen, deren Durchführung zu überwachen ist und deren Ziel sein muß, die Ergebnisse der bestehenden Versuchsanstalten dem allgemeinen Gebrauch zuzuführen. Nur derjenige Landwirt, der sich diesen Vorschriften unterwirft, kann Anspruch auf Kredithilfe erheben. Das Wort: Wer nicht will deichen, muß weichen, gilt in übertragenem Sinne nunmehr für alle, denen die Bewirtschaftung deutschen Bodens anvertraut ist. Es ist an den Vertretern der deutschen Landwirtschaft, zu zeigen, daß sie sich der Verantwortung bewußt sind, die jeder der Allgemeinheit gegenüber trägt, der deutsche Erde sein eigen nennt. Besonderes Augenmerk wird bei allen einschlägigen Maßnahmen dem Veredelungsverkehr zu widmen sein.

Was die Zollfragen betrifft, so scheide ich dieselben als zu weitführend sowohl für Landwirtschaft wie für Industrie aus dem Kreise meiner Erörterungen aus. Ich möchte nur soviel sagen, daß ich prinzipiell auf dem Boden der Entschließung stehe, welche der Verein für Sozialpolitik auf seiner Stuttgarter Tagung im Jahre 1924 gefaßt hat und die dahin geht, „Agrar- und Industriezölle nur soweit zu billigen, als dadurch Deutschland nicht verhindert wird, sich die Vorteile des weltwirtschaftlichen Güteraustausches zu sichern". Das schließt nicht aus, insbesondere die hochwertigen landwirtschaftlichen Spezialkulturen unter Zollschutz heranwachsen zu lassen, damit ihre Erzeugnisse den Innenbedarf decken und möglichst als wertvolle Exportartikel Verwendung finden können und mit Hilfe von Antidumping-Zöllen das Gedeihen der eigenen Wirtschaft gegen die Folgen schlechter Währung anderer Exportländer zu verteidigen.

Auch die Möglichkeiten der Kultivierung brachliegenden Ödlandes gehören in dieses Kapitel. Wohl der beste Sachverständige für alle damit zusammenhängenden Fragen, Herr Geheimrat Professor **Tacke**, hat in seinem Referat auf der 53. Plenarversammlung des deutschen Landwirtschaftsrats im April 1924 die in Deutschland vorhandenen, der Agrarwirtschaft erschließbaren Ödlandflächen auf 3 500 000 ha — das sind 14 Millionen Morgen — geschätzt. Unter der Annahme, daß hiervon 1 000 000 ha als Ackerland und 2 000 000 ha als Wiesen- und Weideland verwertet werden können, schätzt Tacke, daß eine Jahresernte von 960 000 t Roggen, 2 500 000 t Kartoffeln und 266 000 t Fleischzuwachs (Lebendgewicht) auf diesem Ödland erzielt werden könnte. Die einmalige Aufwendung wird mit 600 bis 800 M. pro ha geschätzt. Ich will vorsichtigerweise 1000 M. ansetzen. Das ergäbe eine Gesamtausgabe von 3,5 Milliarden M. Ihr stände ein Ertrag gegenüber, der die Rente des aufgenommenen Kapitals sicherstellen würde. Man versteht angesichts dieser Daten nicht, weshalb nicht längst in großzügiger Weise die Urbarmachung dieser Flächen in viel schnellerem Tempo, als solches bis jetzt geschehen ist, in Angriff genommen und zu diesem Zweck von der Bestimmung des § 13 des Gesetzes betreffend die Fürsorge für Erwerbslose Gebrauch gemacht worden ist, der wie folgt lautet:

> „Die Unterstützung ist zu versagen oder zu entziehen, wenn der Erwerbslose sich weigert, eine nachgewiesene Arbeit anzunehmen, die auch außerhalb seines Berufes und Wohnorts liegen darf und ihm nach seiner körperlichen Beschaffenheit zugemutet werden kann."

Bei richtiger Anwendung dieses Paragraphen und Zusammenfassung der in Betracht kommenden Gebiete zu großen Meliorationsgenossenschaften hätte sich hier schon längst ein auf lange Sicht hin arbeitendes Kulturwerk einleiten lassen, dem die Melioration des Oderbruches durch Friedrich den Großen zum Vorbild dienen konnte.

Mit Recht ist in diesem Zusammenhange besonders von dem Leiter des Berufsamtes in Essen, Herrn Joseph **Honé** darauf hingewiesen worden, wie eng das Problem der Urbarmachung der Ödländereien mit dem Problem der Erziehung der Jugendlichen verknüpft ist, deren Verwahrlosung sicher ist, wenn sie nach ihrer Entlassung aus der Schule der Erwerbslosenfürsorge anheimfallen. Der Entwicklung der Jugendlichen zu nützlichen Staatsbürgern kann es nur dienlich sein, wenn sie dem Zwange des Dienstes für einen sichtbaren Zweck unterworfen werden, anstatt herumzulungern, Kinos zu besuchen und Zigaretten zu rauchen.

So könnte vieles getan werden und hätte vieles getan werden können, um durch innerpolitische Maßnahmen die Wirtschaft in Gang zu bringen. Wer wagt aber Pläne zu machen, wenn er im voraus weiß, daß die Mühle verantwortungsloser Parteipolitik doch jedes auf weite Sicht gestellte Streben zermürbt?

Als Beispiel dafür, wie es nicht gemacht werden soll, kann in diesem Zusammenhange die Behandlung der Wohnungsfrage dienen. Das einzige Ziel der Wohnungspolitik mußte sein, Wohnraum zu schaffen, indem man Häuser baute. Den einfachen geraden Weg, den Wohnrauminhalt zu bestimmen, der pro Kopf zulässig war, jedem freizustellen, ob er das Mehr, das zu seiner Verfügung stand, hergeben oder bezahlen wollte und die auf diesem Wege eingehenden Gelder unverzüglich zum Häuserbau zu verwenden, ist man nicht gegangen. Dieser Weg wäre einfach gewesen. Die Parteipolitik gebot, diese Angelegenheit zu einem Mittel zu machen, mit Hilfe dessen sich dem sozialpolitischen Gefühl der Massen schmeicheln ließ, indem man zwangsweise die Miete festsetzte, jedem den Frieden des eigenen Heims störte und mit Hilfe eines riesengroßen Ämter- und Beamtenapparates neue Wohnungen in die bestehenden Wohnungen hineinzukonstruieren versuchte. Was dabei herausgekommen ist, wissen wir alle. Den Hauptteil der einkommenden Gelder hat der behördliche Apparat verschlungen, der Hausbesitz ist ruiniert, das Baugewerbe ertötet, das Wohnungselend namenlos. Welche kulturellen Folgen sich an diese verfehlten Maßnahmen knüpfen, darüber entwirft der Oberbürgermeister von Berlin, Herr Böss, in seiner gerade jetzt unter dem Titel „Wie helfen wir uns" erschienenen, höchst verdienstlichen Schrift in den über Berliner Wohnungszustände bekanntgegebenen Zahlen ein ergreifendes Bild.

Die Zahl der jährlich in Berlin hergestellten neuen Wohnungen betrug in Friedenszeiten ca. 30 000. Danach hätten in den Jahren 1919 bis 1924 in Berlin 180 000 neue Wohnungen erbaut werden müssen. Die Zahl der tatsächlich geschaffenen Wohnungen beträgt etwa $^1/_6$, nämlich im ganzen 37 873, von denen aber nur 11 937 Dauerwohnungen und 22 356 Notwohnungen, 2590 Barackenwohnungen und 990 Wohnlauben sind. Und was sind die Folgen dieser Zustände? Um nur eine Ziffer herauszugreifen: von 6062 im Jahre 1924 in Berlin behandelten Tuberkulosen hatten 4824 kein eigenes Schlafzimmer und 502 kein eigenes Bett!

Ich wende mich nunmehr meiner zweiten Programmforderung zu, welche lautet: „Einschränkung allen vermeidbaren Importes."

Eine Auslese aus der amtlichen Statistik ergibt für einige besonders hervorstehende Positionen dieser Art folgende Daten:

Es wurden, unter Abzug der Ausfuhr, importiert in 11 Monaten des Jahres 1925

	in M. 1000
Tafeltrauben	33 522
Bananen	23 931
Apfelsinen, Mandarinen und Zitronen	61 204
Feigen, Korinthen und Rosinen	29 412
Datteln	395
Mandeln	34 291
Ananas	4 839
Kokosnüsse	8 752

Für die vorstehend aufgeführten Südfrüchte wurden also insgesamt 196 346 000 M. an das Ausland abgeführt.

An Genußartikeln wurden in der gleichen Zeit aus dem Auslande eingeführt

	im Werte von Millionen M.
Opium	8,7
Wein und Most	57,0
Rohtabak	254,0
Kaffee	215,0
Tee	13,0
Kakao	72,0
Kaviar	4,0
Austern, Krebse, Hummern	1,4
Sardellen	19,2
Sardinen	3,0

Im Ganzen also für M. 647 303 000.

Um sich einen Begriff davon zu machen, welchen Aufwandes es an Arbeit bedarf, um den Wert dieser Importe von zusammen rund M. 843 000 000 zu decken, muß man sich vergegenwärtigen, daß beinahe unser gesamter Jahresexport von Eisenwaren aller Art (ohne Röhren, Stab- und Formeisen) oder von Farben und Lacken, chemischen und pharmazeutischen Erzeugnissen, Ton-, Porzellan-, Glaswaren und Glas erforderlich war, um diese Importe zu bezahlen.

Niemand wird bestreiten können, daß sehr viel geschehen könnte, um die Verbrauchsziffern einer ganzen Anzahl dieser Importpositionen herabzudrücken. Weshalb in der Zeit der größten Not in Deutschland für M. 33 000 000 Tafeltrauben, für M. 50 000 000 Apfelsinen und Mandarinen, für M. 29 000 000 Feigen und Korinthen und für M. 34 000 000 Mandeln verzehrt werden mußten, gar nicht zu reden von Ananas, Kokosnüssen, Kaviar, Austern, Hummern, Sardellen und Sardinen, die zusammen den stattlichen Posten von M. 41 000 000 ergeben, werden spätere Zeitalter nicht verstehen.

Ebensowenig wird man begreifen, wie es möglich war, daß keine Regierung den Mut fand, dagegen einzuschreiten, daß der Verbrauch an Tabakserzeugn i s s e n in dieser Zeit ins Phantastische gestiegen ist. Die Steuererträgnisse vom Tabak für die Zeit vom 1. Dezember 1923 bis zum 31. März 1924 zeigen einen Gesamtwert der versteuerten Tabakserzeugnisse von M. 509 000 000, wovon M. 216 000 000 auf Zigaretten und M. 167 000 000 auf Zigarren entfallen. Legt man diese Zahl für das ganze Jahr 1924 zugrunde, so ergibt sich, daß das deutsche Volk in dieser Zeit rund 1,5 Milliarden M. verraucht hat. Dem entspricht es, daß sich der Wert der nach Abzug der Ausfuhr verbleibenden Einfuhr von Rohtabak und Tabakserzeugnissen von 142 000 000 M. im ganzen Jahre 1912 auf 254 000 000 M. für 11 Monate des Jahres 1925 erhöht hat!

Wie Sie wissen, predige ich seit dem Jahre 1920 gegen diese zwecklose Verschwendung. Bisher hat die Entwicklung mir recht gegeben, wenn ich diesen übertriebenen Verbrauch eines zum größten Teil entbehrlichen Genußmittels als groben Unfug bezeichnete, dem mit erzieherischen Maßnahmen begegnet werden müßte. Die Verantwortung dafür, daß die Ziffern sich bis zu der geschilderten Höhe steigern konnten, tragen die Regierungen, die sich nicht dazu aufzuraffen vermochten, durch Einführung von der Erziehung des Volkes dienenden Ersparnis-Steuern dessen Gedanken auf den Ernst der Zeit einzustellen. Diese Versäumnis hat der Lebenshaltung der Massen eine ganz falsche Richtung gegeben.

Von einer Jugend, die heranwächst in dem Gefühl, daß der ungemessene Tabakverbrauch ihr selbstverständliches Recht sei, die, anstatt nach dem guten deutschen Bauernapfel nach Apfelsinen, Mandarinen und Ananas greift, kann man nicht erwarten, daß sie an diese Genüsse mit der Überlegung herantritt: kann ich mir das leisten? Man darf nicht erstaunt sein, wenn diese Jugend die Wirtschaft lediglich von dem Standpunkt der Forderungen betrachtet, die sie an das Leben stellt, sich aber den Teufel darum schert, ob diese Forderungen berechtigt sind.

E s g i l t a l s o , d i e G e s a m t h e i t d e r N a t i o n z i e l b e w u ß t z u r S p a r s a m k e i t i m V e rbrauch zu erziehen. Ich glaube an die guten Kräfte im deutschen Volke, ich glaube daran, daß ihm weitaus in seiner Majorität die Erscheinungen des Verfalls zuwider sind, die sich in den von mir mitgeteilten Zahlen ausprägen. Ich glaube daran, daß eine klare Zielsetzung, welche die Dinge nennt, wie sie sind, Gefolgschaft finden wird, sobald man deutlich sieht, wohin der Weg führen soll, den man gehen will und sobald man wahrnimmt, daß die Staatsleitung von dem unbeugsamen Willen beherrscht ist, sich durch nichts von dem zum Besten des Ganzen als richtig erkannten Wege abdrängen zu lassen.

Allein durch Einschränkung unnötiger Einfuhr und unnötigen Verbrauchs von Genußmitteln lassen sich, wie die mitgeteilten Ziffern zeigen, beinahe mühelos die M. 1,3 Milliarden ersparen, um welche die Einfuhr an Lebensmitteln und Getränken, verglichen mit dem Jahre 1913, gestiegen ist. Allein durch derartige Ersparungen könnten die Mittel beschafft werden, welche benötigt werden, um der deutschen Landwirtschaft die Beträge zur Verfügung zu stellen, deren sie bedarf, um die Hebung der heimischen Produktion nach den vorhin skizzierten Gesichtspunkten herbeizuführen.

Sie werden sich vielleicht wundern, daß ich alles Heil von der Kapitalbildung im Innern erwarte und die geldliche Hilfe des Auslandes als Mittel für die Lösung des uns beschäftigenden Problems weniger in Betracht ziehe. Die ausländischen Kredite sind soweit unentbehrlich, als es sich darum handelt, die Wirtschaft nach Rehabilitierung der Währung wieder anzukurbeln. Wenn richtig konstruiert, müssen sie zu Bedingungen abgeschlossen sein, welche dem Schuldner jederzeit oder nach kurzer Frist gestatten, sich, wenn auch mit Opfern, von dieser Bindung wieder frei zu machen.

Als Dauerzustand sind diese Kredite in keiner Weise begehrenswert. In anderer Währung als der unserigen aufgenommen, verkörpern sie die Gefahr der Disparität der Valuten, über die vielfach mit einer staunenswerten

Leichtfertigkeit hinweggegangen wird. Sie ketten uns ferner in einer für unsere politische Selbständigkeit gefährlichen Weise an das Ausland und sind endlich auf die Dauer zu teuer. Man braucht nur zu vergleichen, zu welchen Zinssätzen dieselben ausländischen Geldgeber Anleihen an kleine Staaten wie Dänemark und Norwegen bewilligt haben, welche uns kein Geld unter 8½ bis 9% leihen, um zu sehen, daß wir durch die Wucht der Verhältnisse denn doch zu sehr für den öffentlichen Kredit in die Linie der Balkanstaaten hineingedrückt worden sind, als daß wir eine Verewigung dieses Zustandes ertragen könnten.

Für die Erfüllung des vorhin an dritter Stelle genannten Axioms der Schaffung des Exportüberschusses und damit für den Wiederaufbau einer ausbalanzierten Ein- und Ausfuhrwirtschaft muß nach wie vor die industrielle Tätigkeit unseres Vaterlandes das Rückgrat bilden. Sie allein kann zunächst die Exportgüter hervorbringen, deren Verkauf in das Ausland uns die Mittel liefern soll, um die nicht vermeidbaren Importe zu bezahlen und den Tribut zu entrichten, zu dem wir verpflichtet sind. Das Erstarken der Industrie bringt gleichzeitig die Erweiterung des inneren Absatzmarktes, ohne dessen stetigen Bestand eine blühende Landwirtschaft undenkbar ist. Die Erörterung des von mir aufgestellten dritten Axioms müßte sich daher in der Hauptsache mit den Fragen beschäftigen, welche den industriellen Wiederaufbau betreffen. Angesichs der Weite dieses Gebietes will ich mich auf wenige allgemeine Hinweise beschränken.

Der Erreichung des Zieles, die Selbstkosten unserer Wirtschaft so weit zu reduzieren, um mit Gewinn für uns die Preise des Auslandes für gleiche Erzeugnisse zu unterbieten, stellen sich die verschiedensten Hindernisse in den Weg.

In erster Linie sind es die übertrieben hohen Reparationsleistungen, welche die Guthabenbildung durch Ausfuhr beeinträchtigen. Bereits im ersten

Jahr des Dawes-Programms betrug der Ausfall, der durch die Beschlagnahme von 26% des Wertes der deutschen Einfuhr durch das Reparation Recovery Act in England und Frankreich entstand, fast M. 200 Millionen. Die Sachlieferungen, wie z. B. an Kohle, Farbstoffen, Düngemitteln, belaufen sich auf M. 400 bis 500 Millionen jährlich.

Wir treten also, stark beschwert mit unserer Einwirkung entzogenen Lasten, an die eigentliche Aufgabe der Herabdrückung unserer Selbstkosten heran. Um so schärfer müssen wir also hierbei zugreifen. Wo dieses Zugreifen zu erfolgen hätte und wo es leider nicht geschieht, wissen Sie alle. *Die sozialistischen Theorien, die sich der Regulierung der Lohnhöhe bemächtigt haben, das Übergreifen der Staats- und städtischen Wirtschaft in die Privatwirtschaft, das Anschwellen der sozialen Lasten — es ist alles der Ausdruck desselben Prinzips, daß die wirtschaftlichen Entscheidungen nicht von der wirtschaftlichen Vernunft, sondern von dem politischen Parteiinteresse getroffen werden, diesem Moloch, dem wir täglich wider besseres Wissen opfern, der vom Schlagworte lebt und dessen Hauptzweck, bei Licht besehen, die Stellenversorgung ist.*

Zu welchen grotesken Gestaltungen wir allmählich mit dem parteimäßig diktierten Treibenlassen gelangt sind, geht aus beinahe jedem Geschäftsbericht industrieller Unternehmungen hervor. Wurde doch als ein Beispiel für viele kürzlich von einer großen westdeutschen Maschinenfabrik bekannt gegeben, daß pro Tonne Fertigwaren ihre steuerliche Belastung M. 26,42 und ihre soziale Last M. 23,62 beträgt, mit der Wirkung, daß die Gesamtsumme dieser Lasten den siebzehnfachen Betrag des gesamten Reingewinnes ausmacht!

Mit solchen ungeheuerlichen Übertreibungen der staatlichen Belastungen macht man niemanden satt.

Welche Belastungen uns die einseitige Pflege des Arbeitnehmerstandpunktes beschert hat, erhellt, wenn man die Ziffern betrachtet, welche in der vom Reichsarbeitsministerium herausgegebenen Denkschrift über die Sozialversicherung und die Ergebnisse der Erwerbslosenfürsorge für 1924/25 zusammengestellt sind.

Der gesamte Sozialetat aller Versicherungszweige zeigt (in Millionen Mark) folgendes Bild:

	Einnahmen		
	1913	1924	1925
Invalidenversicherung			
Beiträge	290	300	525
Reichszuschuß	59	100	155
Zinserträgnis	67,5	—	—
Angestelltenversicherung	138	129,5	181,5
Unfallversicherung	228	150,4	191,6
Knappschaftliche Pensionsversicherung	58	148	157
Krankenversicherung	590	1028	1200
	1430,5	1855,9	2410,1

Die Ausgaben für die Erwerbslosenfürsorge werden für die Zeit vom Juni 1924 bis Juni 1925 rund M. 250 Millionen betragen. Sie werden für das ganze Jahr 1925 auf rund M. 290 Millionen geschätzt. In letzterem Betrage sind etwa M. 20 Millionen Arbeitsnachweiskosten enthalten.

Inwieweit die Beschäftigung der Arbeitslosen produktiv ist, erscheint sehr fraglich. Jedenfalls verursachen die mit der sogenannten produktiven Arbeit verbundenen Materialkosten einen derart hohen Aufwand, daß nach zuverlässiger Quelle ein produktiv beschäftigter Notstandsarbeiter etwa das vier- bis fünffache eines unterstützten Erwerbslosen kostet.

Welches Unheil die Finanzwirtschaft der öffentlichen Hand, verkörpert durch Reich, Länder und Kommunen, über uns gebracht hat, brauche ich hier nicht noch einmal ausführlich zu schildern, ich kann mich auf die Ausführungen berufen, die ich in dieser Hinsicht im November vorigen Jahres in Elberfeld vor dem Eisen- und Stahlwaren-Industriebund gemacht habe und die seitdem volle Bestätigung durch die im Dezember vorigen Jahres veröffentlichte Untersuchung des Reichsverbandes der deutschen Industrie über die deutsche Wirtschafts- und Finanzpolitik gefunden haben. Ich habe damals nachgewiesen, daß, verglichen mit dem Deutschland der Vorkriegszeit, das mit einem Gesamtetat für Reich, Länder und Gemeinden in Höhe von 4,5—4,8 Milliarden Mark auskam, das neue Deutschland bei kleinerem Territorium und gesunkenem Volkseinkommen einen Gesamtaufwand von mehr als dem Doppelten, fast 10 Milliarden Mark, beansprucht hat.

Es ging wie ein Aufatmen durch das Land, als durch die Etatsrede des neuen Reichsfinanzministers, Herrn *Reinhold*, klar wurde, daß die Regierung entschlossen ist, diesen Zuständen energisch zu Leibe zu gehen, aber schon jetzt regen sich gegen die Durchführung des Programmes die Parteiwiderstände. Möge das neue Kabinett die Tatkraft beweisen, sich durch keine innere Parteipolitik in dem Programm, das es sich gesetzt hat, beirren zu lassen und mit Erfolg jeden Widerstand brechen, der sich ihm in den Weg stellt.

Alle Mühe wird aber vergebens bleiben, wenn unsere Arbeiterschaft nicht in ein anderes Verhältnis zu dem Unternehmer tritt, als das ist, welches ihre politischen Führer ihr vorzeichnen. Der Unternehmer ist nicht der Feind des Arbeitnehmers. Er ist eins mit ihm und muß von ihm in gleicher Weise betrachtet werden. Zu diesem Zwecke muß viel von beiden Seiten geschehen, damit eine wirkliche Arbeitsgemeinschaft hergestellt werde. Solange von außen schematisch in dieses Verhältnis hineinregiert wird, solange die Parteiwirtschaft die Löhne und die Arbeitsintensität zu regulieren versucht, kann die Gemeinsamkeit der Interessen nicht begründet werden, ohne die der Arbeiter niemals wahrhaft volkswirtschaftlich denken, d. h. sich bewußt werden wird, daß die Wirtschaft des Volkes ein Ganzes bildet, der es als Gesamtheit gut gehen muß, damit es auch ihm gut gehe. Nur aus dieser Erkenntnis kann das Verständnis dafür erwachsen, daß die Gesetze, nach denen wir unsere Arbeit einzurichten haben, von weltwirtschaftlichen Faktoren regiert werden und daß es lächerlich ist, in Deutschland dekretieren zu wollen, es darf nicht länger als 48 Stunden wöchentlich gearbeitet werden, wenn in den Vereinigten Staaten bis zu 60 Stunden pro Woche gearbeitet wird. Es kommt darauf an, dem Arbeiter diese Zusammenhänge klar zu machen, ihn verstehen zu lehren, daß die Pflege der beiden Tendenzen: Beschränkung der Arbeitszeit und Regelung des Stundenlohnes durch die Führer der Partei und die Gefolgschaft, welche diesen Tendenzen seitens der Staatsgewalt geleistet wird, automatisch bewirken müssen, daß die Gesamtleistung sinkt und der Gesamterfolg der Arbeit zu Ungunsten der Allgemeinheit geringer wird. Man kann sich eine Zeitlang über diese Entwicklung täuschen und dem Arbeitenden einzureden versuchen, daß er seine Situation verbessert, wenn er einen immer höher werdenden Stundenlohn erzwingt. *Der Arbeiter muß begreifen lernen*, daß hierdurch tatsächlich das Gegenteil von dem bewirkt wird, was er erreichen will, *daß die Wirkung einer dem erzielten Gewinn gegenüber zu nachgiebigen Lohnpolitik nicht die Steigerung seiner Einnahmen, sondern eine Erhöhung der Kosten des Produktes*, d. h. *eine Verminderung der Kaufkraft des gezahlten Lohnes ist*, welche die vermeintliche Lohnerhöhung nach sehr kurzer Zeit illusorisch macht, weil der Anteil des Lohns an der Ware erheblich höher ist, als der Anteil der Kosten des Rohprodukts. Der Arbeiter muß erkennen, daß alles Bemühen, eine Verbesserung seiner Lebenshaltung herbeizuführen, vergeblich bleibt, wenn es nicht gelingt, die Produktionskosten herabzudrücken und dadurch den Inlandskonsum zu steigern, also die Kaufkraft des Geldes durch Verbilligung der Erzeugnisse zu erhöhen. Man zeige also dem Arbeiter nicht das Bild seiner bedrückten wirtschaftlichen Lage, verglichen mit den (doch risikovollen) Gewinnchancen des Unternehmers, sondern man drehe den Spieß um und male ihm aus, zu welcher Hebung seiner eigenen wirtschaftlichen Situation er gelangen könnte, wenn er begriffe, daß der parteiliche Zwang die Grundlagen seines Daseins in majorem gloriam der Parteitheorie dauernd verschlechtern muß.

Jedenfalls zeigt die Entwicklung, daß, wie stets, sich auch hier die Dinge als vernünftiger erwiesen haben als der menschliche Verstand und unbeirrt den Weg ihrer logischen Entwickelung gegangen sind, den sie gehen mußten, weil ihnen dieser Weg durch die von keiner Menschenmacht abänderbaren Grundlagen allen menschlichen Wesens vorgeschrieben ist.

Eine dieser Grundlagen ist der Eigennutz, den man wohl wegdisputieren kann, der aber darum doch besteht, wie er stets bestanden hat und stets bestehen wird. Dieser Eigennutz gebietet jedem, dem man sagt: Du darfst nicht länger als so und so lange arbeiten und bekommst dafür einen Stundenlohn von so und so viel, sich instinktiv zu bemühen, innerhalb der vorgeschriebenen Arbeitszeit sich nicht mehr als unbedingt nötig ist anzustrengen, d. h. nur das Mindestmaß dessen zu leisten, was sein Pflichtenkreis ihm auferlegt. Je gebildeter jemand ist, um so weniger wird er sich dieser Regel unterwerfen wollen, weil ihm das Werk als solches Freude macht; je weniger er in der Lage ist, die Wirkung seiner Tätigkeit auf das Gesamtwerk zu übersehen, je ferner er dem erzielten Gesamterfolg steht, um so mehr wird das Gefühl des Eigennutzes überwiegen und ihn die Frage aufwerfen lassen, weshalb er mehr leisten solle, als normaler Weise von ihm gefordert werden könne. Das Tempo der Leistung der Gesamtheit wird auf diese Weise von dem am wenigsten eifrigen Arbeiter bestimmt und jedes Streben zur eigenen Vervollkommnung und zur Hebung des Könnens unterdrückt. Eine wirkliche Beziehung zwischen Arbeiter und Werk kann nur durch den richtig konstruierten Akkordlohn geschaffen werden, welcher den Erfolg der Einzelleistung zum Maßstab des Einkommens erhebt. Sobald der Arbeiter durch den Akkordlohn in Beziehung zu seinem Werk gebracht wird und den Erfolg intensiver Arbeit an der Höhe seines Einkommens spürt, zieht bei ihm Freude an der Arbeit ein. Die Arbeit nach Stundenlohn erniedrigt den Arbeiter zur Maschine und macht ihn zu einem Teil derselben, die, ebenso wie er, innerhalb der Stundenzeit eine bestimmte Zahl von Umdrehungen zu erledigen hat. Die Sorge des Arbeitnehmers, durch intensive Arbeit könne dem Arbeitgeber ein zu großer Gewinn zufließen, und die sich aus dieser Sorge ergebende, theoretisch sehr schöne, praktisch aber höchst verderbliche Maxime des Stundentages hat die Arbeit, gegen deren Wesenlosigkeit im Zeitalter der Maschine an sich schon so schwer anzukämpfen ist, immer wesenloser gemacht, und jede Beziehung zwischen Werk und Arbeit ertötet.

Mit diesen Methoden erobert man sich keine Exportmärkte, mit diesen Methoden kann man nicht mit jungen, frischen Völkern konkurrieren, in deren Arbeit der Schwung der Freude am Vollbringen steckt.

Wenn man nach dem bisher Gesagten die Zusammenfassung der Ergebnisse zu ziehen versucht, so gelangt man als Antwort auf die gestellten Fragen dazu, folgende Leitsätze aufzustellen:

Wir schaffen dem deutschen Volke nicht Arbeit und Brot, wenn wir fortfahren

1. wirtschaftliche Fragen vom Standpunkt der Parteipolitik aus zu behandeln,
2. aus parteipolitischen Gründen den künstlich in unser Volk hineingetragenen Gegensatz zwischen Arbeitgeber und Arbeitnehmer zu schüren,
3. die Lohnbildung behördlich vorschreiben zu wollen,
4. zu versäumen, durch erziehliche Maßnahmen den Verbrauch derjenigen nicht unbedingt erforder-

lichen Genuß- und Lebensmittel zu regeln, welche wir vom Auslande importieren müssen.

Diesen negativen Erkenntnissen sind die folgenden positiven gegenüberzustellen.

1. Zwecks Erzielung eines Export-Überschusses aus Industrie und Landwirtschaft, der zur Bestreitung des notwendigen Imports ausreicht, müssen die steuerlichen und sozialen Lasten auf das denkbar niedrigste Niveau herabgedrückt werden, um das Produkt nicht von vornherein mit unabwendbar großen Auflagen zu beschweren, gegen die der Einzelne machtlos ist. Dementsprechend ist eine durchgreifende Vereinfachung der gesamten behördlichen Organisation ohne Rücksicht auf die innerpolitische Einteilung des gesamten deutschen Staatsgebietes erforderlich, damit das Zuviel unserer Verwaltung, die doppelten und dreifachen Einrichtungen derselben, die infolge der eigenartigen Konstruktion unseres Staatswesens nebeneinander herlaufen, durch möglichst weitgehende Unifizierung des gesamten Apparates beseitigt werden.

2. Die intensive Hebung der landwirtschaftlichen Produktion und Industrialisierung derselben muß zwecks Herbeiführung der Nahrungsfreiheit Deutschlands mit allen Mitteln, wenn erforderlich im Wege des durch landwirtschaftliche Selbstverwaltungsorgane auszuübenden Zwanges, nach wissenschaftlichen Grundsätzen und einheitlichem Plane durchgeführt werden. Die Gewährung von Krediten an die Landwirtschaft ist von der Unterwerfung unter diese Maßnahmen abhängig zu machen.

3. Dem Verbrauch entbehrlichen Importgutes ist durch Ersparnissteuern tunlichst entgegenzuwirken.

4. Die Handelsvertrags- und Steuerpolitik müssen in den Dienst der Aufgabe gestellt werden, Import und Export zu balanzieren und Exportüberschüsse zu schaffen, welche ermöglichen, in absehbarer Zeit die alsbald zeitlich und zahlenmäßig zu begrenzenden Reparationsleistungen abzutragen.

Das Gesagte zeigt, daß wir vor einer politischen und wirtschaftlichen Aufgabe stehen, größer und schwieriger, als sie wohl jemals einem Volke auferlegt worden ist. Die Lösung dieser Aufgabe ist eine patriotische Tat, die sich für Generationen kommender Geschlechter auswirken und sie wieder frei auf freiem Boden machen soll. Es handelt sich jetzt darum, für Jahrzehnte voraus zu denken und, wie ich am Anfang meiner Ausführungen sagte, den Blick einzustellen auf das einzige Ziel: die Wiedererlangung voller wirtschaftlicher und politischer Freiheit.

Dieses Ziel wird nur erreicht werden, wenn alle Kräfte von dem übereinstimmenden starken Willen des einheitlich zusammengefaßten Volkes getragen sind, dessen jeder Angehöriger weiß, daß es unentschuldbar ist, zu glauben, es könne einer Branche, einem Stande, einer Partei, einer Kommune, einer Provinz, einem Freistaat gut gehen, wenn es dem Deutschen Reiche als Ganzem schlecht geht. Leider ist es erforderlich, auf diese Selbstverständlichkeit hinzuweisen; denn man müßte blind sein, um nicht zu sehen, daß sich die Tragik der deutschen Geschichte zu wiederholen beginnt und die außenpolitische Ohnmacht des Reichs allenthalben den Fluch Deutschlands, den Partikularismus bald in dieser, bald in jener Gestalt ins Kraut schießen läßt. Allen denen, die, in ihrer Kirchturmpolitik befangen, ihre kleinen eigenen Interessen für den Mittelpunkt der Welt halten, sei deshalb zugerufen: Ihr ahnt ja gar nicht, wie überlebt und weltfremd Euer Pochen auf Eure so eng begrenzte Autonomie, Euer Festhalten an Euren sogenannten berechtigten Eigentümlichkeiten ist; nehmt die Weltkarte zur Hand, erfasset, welche Riesengebiete sich als weltwirtschaftliche Organisationen für Produktion und Absatz herausgebildet haben, vergleicht damit unsere eigene geographische, politische und wirtschaftliche Lage, und Euch wird klar werden, daß für irgendwelche Ambitionen von Duodez-Staaten und -Stätchen kein Platz mehr ist und es lächerlich wirkt, Eurem Streite zuzuhören, während draußen die Kontinente sich wirtschaftlich und politisch neu rangieren. Im Chor der Völker kann Deutschland nur als Ganzes eine Rolle spielen. Es wird sie spielen, wenn es sich ermannt und rücksichtslos alle Einrichtungen über Bord wirft, die sich überlebt haben und nicht mehr zu halten sind, weil wir sie uns nicht mehr leisten können, und die einen Luxus darstellen, den wir nicht mehr zu bezahlen vermögen. Dann, aber auch nur dann, wird aus den Nöten der Gegenwart ein Deutschland entstehen, das allen seinen Bürgern Arbeit und Brot in Fülle zu geben vermag. Dann wird, was höher wertet als aller materielle Wohlstand, jeder Deutsche wieder das Bewußtsein haben dürfen, einem auf dem gesamten Erdenrund geachteten und ob seines Vollbringens hochgeehrten Volke anzugehören und unter Beiseitestellung aller partikularistischen Regungen voll Stolz und Freude empfinden: civis germanus sum!

Vortrag
des Herrn Generaldirektor Dr. Silverberg.

Als ich mich für den heutigen Vortrag vorbereitete, ging es mir genau so wie Herrn Dr. Solmssen: Man kommt unwillkürlich zu dem Ergebnis, daß die gestellte Frage nur im Zusammenhang der großen wirtschaftlichen und weltpolitischen Probleme gelöst werden kann. Aber ich habe dabei gefunden, daß es notwendig ist, daß man sein eigenes Tun, d. h. das Tun, für das wir als Staatsbürger mitverantwortlich sind, auch kritisch prüfen soll und sich sagen muß: Welche Fehler haben wir gemacht? und daß man versuchen muß, aus der Kritik der eigenen Fehler eine Synthese mit vielen Forderungen zu finden, die auf die Zukunft hinweisen und bei deren Erfüllung man vielleicht hoffen kann, daß es bald besser wird.

Meine Herren! Konjunkturen hat es im Wirtschaftsleben aller Länder und aller Völker immer gegeben. Eine konjunkturlose Wirtschaft — davon habe ich in der Theorie gehört, ich habe auch gehört, daß darüber Bücher geschrieben worden sind; ich habe sie nicht gelesen, ich habe aber auch so nicht daran geglaubt. Es ist aber festgestellt, daß die Zeitdauer der Hochkonjunkturen und die Zeitdauer des Tiefs sich im Laufe der Jahre und Jahrzehnte dauernd verkürzt hat, jedenfalls bis zum Kriege. Und augenblicklich haben wir festzustellen, daß wir in einer langdauernden, ganz schweren Krise sind — ich spreche für unser Vaterland — und daß auch sehr wenig Zeichen erkenntlich sind, aus denen man schließen kann, daß bald ein Aufstieg kommt. Es sind bestimmte Zeichen da, die für den Krisenablauf nach den Erfahrungen der Jahrzehnte vorher typisch sind. Wir haben seit verhältnismäßig kurzer Zeit eine ganz ausgesprochene Geldflüssigkeit, wenn auch nur für kurzfristiges Geld; wir haben zum zweiten fallende Zinssätze; wir haben zum dritten zahlreiche Zusammenbrüche und zum vierten eine sehr große Arbeitslosigkeit. Das sind nach allen Erfahrungen unbedingt Zeichen des Krisenablaufs. Ob sie aber Zeichen des Wiederaufstiegs sind — das k a n n sein, das muß aber nicht sein.

Wir müssen eben prüfen, wie sich unser eigenes Tun in der abgelaufenen Zeit darstellt. Ich will gleich eins vorab bemerken:

Ich bin persönlich nach vielem Beobachten und Überlegen, nicht nur aus Anlaß dieses Vortrages, zu der Ansicht gekommen, daß das erschwerendste Moment in dieser Krisenperiode d i e Z e r s t ö r u n g d e s m o b i l e n K a p i t a l s ist, nicht nur in Deutschland, sondern in allen kriegführenden Kontinentalstaaten, und daß die Zerstörung des mobilen Kapitals vollendet und für Deutschland in seinen Auswirkungen vergröbert worden ist durch eine unverantwortliche Finanz- und Steuerwirtschaft insbesondere der Reichsregierung, insbesondere seit der Markstabilisierung. (Sehr richtig!) Daß solche schweren Eingriffe wie die Markstabilisierung nicht ohne Fehler gemacht werden konnten, war ganz klar. Kurz nach der Markstabilisierung sahen wir, daß das leichte Kreditgeben, die starke Lockerung der Kreditzügel durch die Reichsbank zu einer gefährlichen Scheinkonjunktur führte, und es muß unbedingt anerkannt werden, daß Reichsbankpräsident Schacht sofort den Mut aufgebracht hat, sowie er das erkannt hat, in der rücksichtslosesten Weise Änderung eintreten zu lassen. Das war eine Tat, die anerkannt werden muß, ein schwerer Entschluß, der viel Kritik einbringen mußte, sich aber in der weiteren Auswirkung segensreich erwiesen hat. Gleichzeitig oder etwas später trat die Erscheinung ein, daß auf Grund der Steuernotverordnungen ungeheuere Zuflüsse zu den Reichskassen kamen. Ich erkenne unbedingt an, daß es eine absolute Notwendigkeit für die Stabilisierung der Mark war, den Reichsetat zu balanzieren. Ich erkenne aber nicht an, daß es notwendig war, von dem Augenblicke an, wo sich diese ungeheueren Zuflüsse zu den Reichskassen zeigten, dieselbe Steuerpolitik fortzusetzen und damit hervorzurufen die Überführung des mobilen Kapitals in die öffentliche Hand. Und wenn ich die Zerstörung und das Schwinden des mobilen Kapitals aus den Betrieben und aus der Wirtschaft als den Hauptkrisengrund und den Grund betrachte, der die Krise verlängern wird und schon verlängert hat, so trifft das schwere Verschulden für diese Finanzwirtschaft die Reichsregierung, daß sie nicht zu derselben Zeit, zu der sie es erkennen mußte und darauf hingewiesen wurde, der Überführung des mobilen Kapitals aus der Wirtschaft in die öffentliche Hand Einhalt getan hat, sondern diese Wege auch noch heute beschreitet. Dieses Tun paßt zu der Inkonsequenz, unter der wir meiner Ansicht nach hauptsächlich in der Nachkriegszeit gelitten haben und noch leiden, die inkonsequente Unklarheit über das, in welchem Wirtschaftssystem wir leben, und die Entschlußunfähigkeit, aus dieser Erkenntnis die notwendigen praktischen Schlußfolgerungen zu ziehen.

Wir leben nun einmal in einer individualistisch-kapitalistischen Wirtschaftsordnung; daran ist nichts zu ändern; wir leben in derselben kapitalistischen Wirtschaftsordnung, in der alle Kulturnationen um uns leben. Dem Reichsbankpräsidenten Schacht wurde einmal die Frage vorgelegt, warum er nicht von der Goldwährung abgehen wolle; er hat darauf die Antwort gegeben: „Ich tue das in demselben Moment, in dem England und Amerika auch die Goldwährung verlassen." Diese Überlegung gilt auch hier. Es mag bessere Wirtschaftssysteme geben wie die kapitalistische Wirtschaftsordnung, und ich könnte auch eine ähnliche Antwort geben: Ich bin sofort bereit, mich umzustellen und in einem anderen Wirtschaftssystem zu leben und es zu fördern, wenn es besser ist. Aber einstweilen müssen wir uns mit der Tatsache abfinden, daß wir, alle Kulturländer unserer Umwelt und alle diejenigen Länder, mit denen wir in Handel und Verkehr treten wollen, treten müssen und bleiben müssen, in der kapitalistischen Wirtschaftsordnung leben. Kapitalistische Wirtschaftsordnung nicht so verstanden, meine Herren, wie es oft laienhaft geschieht, als wenn die kapitalistische Wirtschaftsordnung sich zur Aufgabe setzte, den Kapitalbesitz oder das Eigentum des Herrn A oder B zu schützen. Ob Herr A oder B Eigentümer bestimmter Produktionsmittel oder von so und soviel liquidem Markvermögen ist, ist der kapitalistischen Wirtschaftsordnung gleichgültig; ihr kommt es darauf an, daß die Betriebe auf Kapitalgrundlage aufgebaut werden, daß die organisierten Unternehmungen über Kapital verfügen, mit Kapital arbeiten, sich mit Kapital ausbauen können. Wenn wir den Mut gehabt hätten, aus diesem System der individualistisch-kapitalistischen Wirtschaftsordnung, in der wir nun einmal leben und leben müssen, die Konsequenz zu ziehen, dann wäre das nicht geschehen, was ich vorhin beanstandet habe: die Überführung des Kapitals in die öffentliche Hand, die ungeheuere Folgen gehabt hat, die noch nicht abzusehen sind. Wir haben geglaubt, wie wir in Deutschland oft manches glauben, daß wir uns an Stelle dieser Wirtschaftsordnung allein für uns ein Wirtschaftssystem zurechtmachen könnten; wir haben ein kapitalistisch-staatssozialistisch-charitatives Wirtschaftssystem aufgebaut und meinen, die Umwelt erkennte das an, und wir könnten damit existieren und Geschäfte machen und unser Volk wieder dazu bringen, daß es sich auf einer kulturell anständigen Lebenshaltung bewegt und sich fördern kann.

Die Folge dieser Überführung des mobilen Kapitals in die öffentliche Hand ist — darin stimme ich mit Herrn Dr. Solmssen überein, er hat es nur anders ausgedrückt —: die Herbeiführung der Konsumunfähigkeit unseres Volkes. Wir leiden daran, daß durch die Entziehung des mobilen Kapitals die Masse des Volkes nicht imstande ist, den normalen Lebensstandard, den es haben muß, sich zu erhalten und zu bezahlen. Ich nehme davon zum großen Teil die noch arbeitende organisierte Arbeiterschaft aus; mit dieser ist aber nicht das Volk und die breite Masse des Volkes erschöpft. Die Folge dieser Kapitalentziehung ist — ich komme später noch darauf zurück — das große Manko, worauf wir immer stoßen: die Konsumunfähigkeit des eigenen Volkes und des inneren Marktes.

Zu den Fehlern dieses von mir gekennzeichneten Wirtschaftssystems gehört auch die geschäftliche Betätigung der öffentlichen Hand in allen möglichen Gewerbezweigen, in der Produktion, im Bank- und Geldwesen, meist steuerfrei. Ich bin nicht der Auffassung, daß jede wirtschaftliche Betätigung der öffentlichen Hand unterbunden werden müßte. Es gibt Wirtschaftszweige, in denen zur Wahrung gemeinsamer Interessen und öffentlicher Interessen Unternehmungen betrieben werden, auch mit Verlust betrieben werden müssen, was eben nur die öffentliche Hand kann. Aber das, was mich so zum Gegner des Staatssozialismus und dieser Betriebe der öffentlichen Hand macht, ist der Umstand, daß dem Kampf im Wirtschaftsleben bestimmte Kampfobjekte entzogen werden, sodaß der Kampf von denjenigen, die ihn in der Privatwirtschaft zu kämpfen haben, mit unvollständigen Waffen und nicht zu Ende gekämpft werden kann. Das geht nicht! Das ist dasselbe, wie wenn man dem deutschen Heer die schwere Artillerie verbietet; die gehört eben zur Kriegführung, und es können nicht einzelne und wichtige Zweige der Produktion und des Handels dem Kampf im Wirtschaftsleben entzogen und ohne Rücksicht auf Gewinn und Verlust durch die öffentliche Hand betrieben werden.

In dasselbe Gebiet gehört die Frage der Subsidien. In England ist derselbe Fehler im Bergbau gemacht, und die Engländer setzten heute gern einen Preis darauf, wenn einer ihnen sagte, wie sie die Kuh vom Eise brächten. Wo man mit diesen demoralisierenden öffentlichen Subsidien anfängt, wie bei uns im Bauwesen, weiß man nicht, wie man aus der Geschichte herauskommen soll, nachdem man das Volk irregeführt hat und die Einstellung auf die Notwendigkeit der wirklichen Ausgaben in der Auffassung der Leute zerstört hat, da die Wohnungen erst zu Papiermark, dann zu 80% der Vorkriegspreise vermietet werden, d. h. daß man die Leute wirklich nur die Hälfte der Kosten hat tragen lassen, die das Wohnen erfordert; der Einkommensanteil, der für Wohnungen aufzuwenden ist, hat sich vollkommen verschoben. Die demoralisierende Wirkung dieser Subsidienwirtschaft möchte man heute wieder gutmachen, kann es natürlich nicht und hat sich damit auch in diesem staatssozialistisch-charitativen Wirtschaftssystem auf die schiefe Ebene begeben.

Was in derselben Linie liegt, ist die Inszenierung des Käuferstreiks, die inzwischen unter dem Namen Preisabbau getrieben wird, die Errichtung einer neuen Zwangswirtschaft, unter Eingriffen in die Gewerbefreiheit, Eingriffen in den natürlichen Kampf im Wirtschaftsleben, die Einstellung auf die reine Konsumentenpolitik, wie sie in den letzten Tagen leider wieder in der Denkschrift der Gewerkschaften als Wirtschaftsideal der organisierten Arbeiterschaft in den Vordergrund gestellt worden ist —, zu meinem tiefen Bedauern, weil ich sehe, daß so viele außerordentlich begabte Leute, die dort an der Führung stehen, immer noch nicht umgelernt haben und sich immer noch nicht auf die Linie begeben wollen, daß sie Glieder der Produktion sind; sie dürfen sich nicht, wenn die Arbeit Faktor der Produktion ist, genau so wie das Kapital auf der andern Seite, lediglich als Vertreter der einseitigen Konsumentenpolitik betätigen.

Ich möchte mit kurzen Worten noch erwähnen, weil die mir bemessene Zeit kurz ist: Diese Zwangswirtschaft, die hier neu aufgerichtet wird, ergänzt sich natürlich mit der Zwangswirtschaft, die wir im Lohn- und Schlichtungswesen haben. Ich möchte dabei aber ausdrücklich sagen: Ich bin absolut kein Mann des Laissez faire — laissez aller.

Auch der Staat muß zu seinem Rechte kommen und seine Staatshoheitsrechte wahren, aber in der großen historischen Linie, wo es sich wirklich um Staatshoheitsrechte handelt, und nicht dadurch, daß z. B. der Staat Geldinvestitionen macht, für die er sich künstlich wieder mit dem Recht seiner Gesetzgebung Staatshoheitsrechte konstruiert, die in sich wieder die vorhin gekennzeichneten Eingriffe in das Wirtschaftsleben bedeuten.

Ich kann mir kein geordnetes Staatswesen ohne Wahrung des Staatshoheitsrechts z. B. im Münzwesen denken; auch im Verkehrswesen muß ich unbedingt anerkennen, daß durch die Entwicklung sich Staatshoheitsrechte herausgebildet haben. Ebenso will ich auch ausdrücklich — um Mißverständnisse zu vermeiden — erklären: Ich bin kein Gegner einer berechtigten Sozialpolitik in den Grenzen der Tragfähgkeit der Wirtschaft und in den Grenzen, die sich daraus ergeben, daß die Selbstverantwortung des einzelnen für sich und seine Familie nicht durch eine rein charitativ eingestellte Sozialpolitik zerstört wird, was ebenso demoralisierend wirkt, wie die von mir vorher gekennzeichnete Subsidienpolitik.

Ich komme nun zum zweiten Teil meiner Ausführungen, zu den Forderungen. Manche Forderungen ergeben sich als notwendige Konsequenz aus der Kritik, und ich stelle an die Spitze als erste Forderung: die grundsätzliche Einstellung der Staatsgewalt auf das bei uns und in allen Kulturländern geltende Wirtschaftssystem. Wir werden unbedingt in Deutschland erkennen müssen, daß wir mit politischem Lavieren und vor allem, was viel schlimmer ist, mit Konzessionen auf dem Gebiete der Wirtschafts- und Finanzpolitik zur Förderung politischer Zwecke unser Volk von Grund auf ruinieren. (Zustimmung.) Man geht so leicht darüber weg, macht eine Zusage — wie es jetzt in den letzten Tagen wieder geschehen ist — z. B.: Selbstverständlich werden alle Konsumgenossenschaften genau so behandelt wie der absatzwerbende Handel. Diese Zusage ist vom Herrn Reichskanzler gemacht. Dann wird eine große Verhandlung aufgezogen, und es stellt sich heraus, daß hier die Zusage der ausgesprochensten Konsumentenpolitik vorliegt. Das sind die Inkonsequenzen, wenn man mit wirtschaftlichen Konzessionen spielt, sie zu politischen Zwecken macht und sich über die Tragweite nicht klar ist oder nicht sein will. Die wirtschafts- und finanzpolitischen Fragen sind so bedeutend, so wichtig und ihre Auswirkungen angesichts dieser Krise von einer Tragweite, daß sie am wenigsten zum Gegenstand von Zugeständnissen, sei es nach der einen, sei es nach der anderen Richtung, gemacht werden sollten.

Die zweite Forderung ist die Einstellung auf vermehrte Gütererzeugung und deren Korrelat und Voraussetzung: auf Kapitalbildung. Ich habe schon „die Konsumentenpolitik" gestreift. Es ist ganz selbstverständlich, daß es die Aufgabe eines geordneten Staatswesens ist, gegen Bewucherung der Konsumenten, gegen unnütze Verteuerung des täglichen Lebensunterhalts und des täglichen Verbrauchs zu wirken. Es fragt sich nur, auf welche Weise und auf welchem Wege es mit nachhaltigem Erfolg geschehen kann, und da könnten wir gelernt haben, daß es im Wege der Neuerrichtung einer Zwangswirtschaft und im Wege von Verordnungen nicht geschehen kann, sondern es kann nur durch die beiden Grundelemente, aus denen sich die Preisbildung zusammensetzt, geschehen: vernünftige Bildung der Selbstkosten, Regelung des Verkaufspreises durch die Konkurrenz. Ich komme bei allem Überlegen zu keinen anderen Ergebnissen, und von anderen Maßnahmen kann ich mir keine nachhaltige, durchgreifende und ordnungsmäßige Regelung dieser entscheidenden, wirtschaftspolitisch, lohnpolitisch und — wenn Sie wollen — staatspolitisch entscheidenden Fragen versprechen.

In der Frage der Verbilligung der Produktion ist gerade in der letzten Zeit mit einem ungeheuren Apparat von Schlagworten gearbeitet worden. Es ist kaum jemand, wenn er sich irgendwie als „Volkswirt" fühlt, der nicht mindestens zweimal am Tage von der Rationalisierung spricht. Natürlich, Rationalisierung ist sehr schön. Herr Wassermann, in seinem Vortrag in Düsseldorf — die Mehrzahl der Herren wird ihn gehört haben —, hat sehr richtig gesagt: Es ist ein großer Unterschied, ob man in Amerika das Wirtschaftssystem auf einem Überfluß von Material aufbaut oder in Deutschland auf einem Überfluß an Arbeitskräften. Also mit diesen Schlagworten ist natürlich nichts getan. Aber, meine Herren, was ist das Praktische? Wir müssen natürlich dazu kommen, daß wir in den Selbstkosten herunterkommen, d. h. wir müssen organisatorisch arbeiten im großen, in den Gewerbezweigen und in den Einzelbetrieben. Wenn ich mit den Einzelbetrieben beginne, komme ich immer wieder zu der Grundfrage, die ich auch im Eingang meines Vortrags angeführt habe: zur Frage der Kapitalbildung.

Die Mechanisierung des Einzelbetriebs, das braucht uns nicht durch Wirtschaftsprogramme gesagt zu werden. Es ist heute kaum ein halbwegs vernünftiger Industrieller, der nicht weiß — wie es in der Denkschrift des Reichsverbandes heißt —, wie er die Arbeit des Einzelmenschen wirtschaftlicher gestalten muß. Es handelt sich um eine Frage des Kapitals, der Kapitalbeschaffung und der Verzinsung und Amortisation und auch eine Frage des guten Willens und des Willens der Arbeiterschaft. Die Arbeiterschaft glaubt, daß es lediglich die Lohnfrage sei, die heute die Konsumunfähigkeit herbeiführte; d. h. sie stellt sich heute in der schon erwähnten Denkschrift wieder auf den Standpunkt: höhere Löhne — höhere Konsumfähigkeit — höherer Absatz der Industrie. Der Gedanke ist nur leider nicht zu Ende gedacht. Es entsteht nämlich unbedingt ein Vakuum, eine Lücke, gekennzeichnet durch die Fragestellung: Wer kommt hierbei in Vorleistung? Lediglich höhere Löhne für dieselbe Arbeit zu bezahlen, ist genau so gut, als wenn Sie einen vorhandenen wirtschaftlichen Wert als wirtschaftliche Einheit einmal mit 100, morgen mit 150 bezahlen; darum wird der wirtschaftliche Wert, auch die Arbeitsleistung eines Menschen, nicht mehr wert. Höherer Lohn ist unbedingt willkommen, auch bei geringerer Arbeitszeit, aber auf dem Wege größerer Produktivität, wenn die Arbeit als solche wertvoller, ertragreicher gemacht wird. Wenn das Kapital hierzu nicht da ist, wer kommt dann in die Vorleistung? Da bin ich allerdings zu der Auffassung gekommen, daß die Vorleistung diesmal auf seiten der Arbeiterschaft liegen, daß das fehlende Kapital erst gebildet werden muß und nur gebildet werden kann durch eine vorübergehend längere Arbeitszeit. Die sozialdemokratische Theorie hat immer den Grundsatz verfochten: Der Achtstundentag wird und muß kommen, aber als Ergebnis in dem Höhepunkt einer blühenden Wirtschaft, als reife Frucht, die eine blühende Wirtschaft bildet. Meine Herren, die Verkürzung der Arbeitszeit ist bei dem größten Tiefstand der deutschen Wirtschaft eingeführt worden. Der Fehler muß gutgemacht werden, und ich hoffe, daß die Arbeiterschaft auch zu der Einsicht kommen wird, daß die nachhaltige Mechanisierung der Betriebe, um die Arbeit wertvoller zu gestalten, nur durchführbar ist, wenn die Arbeiterschaft für eine Reihe von Jahren in die Vorleistung eintritt, d. h. die für die Kapitalbildung nicht ausreichende Ertragfähigkeit der Arbeit durch die Arbeitsdauer ersetzt, solange, bis die Arbeit durch fortschreitende Mechanisierung so ertragreich ist, daß auf die längere Arbeitszeit verzichtet werden kann. Dazu kommt natürlich, und auch nach der Richtung sind schon allerlei Ansätze da —, daß die gewerkschaftliche Tendenz des Gleichmachens der Löhne auch für Ungelernte verlassen wird. Das war auch wohl mehr eine revolutionäre Erscheinung; ich hoffe, daß der Grundsatz über Bord geworfen ist.

Noch eines, was in dieses Kapitel hineingehört. Darüber muß sich die Arbeiterschaft klar sein: alle Rationalisierung, alle derartigen Methoden, die sich schließlich für den Einzelbetrieb in der Ersparnis von Arbeitskräften äußern, sonst ist es keine Rationalisierung, verlangen und bedeuten eine gewaltige Umstellung und Umschichtung in der Arbeiterschaft. Nach der Richtung ist erfreulich, daß die gewerkschaftliche Denkschrift dieses zugestanden hat;

es ist von großer Tragweite, daß man sich auf dieses Zugeständnis berufen kann, worin die Notwendigkeit einer solchen Umschichtung anerkannt ist.

Hierhin gehören die großen Zusammenlegungen der Produktionswerkstätten. Ich will nur auf die großen Fusionen verweisen, die die letzte Zeit gebracht hat, die große horizontale Fusion in der Chemie und in der Eisenindustrie, beide hochwillkommen, hoffentlich von nachhaltigem Erfolg in der Rationalisierung der Betriebe. Auf die großen Gegensätze zwischen vertikaler und horizontaler Fusion will ich nicht eingehen, das führte auch zu weit, aber doch eine kurze Bermerkung: Es vollziehen sich jetzt diese Fusionen auf horizontaler Basis und mit Recht. Aber, meine Herren, das bedeutet nicht, die Tendenzen, die seinerzeit zur vertikalen Gliederung geführt haben, zu verwerfen. Die Welt, die heute so kritisch eingestellt ist, mag nicht vergessen, daß die vertikale Gliederung der Wirtschaft als notwendige Unterlage und Voraussetzung der horizontalen Gliederung, die jetzt praktisch ist, vorhergegangen ist. Und wo vertikale Aufbauten nicht gelungen sind, da war das Entscheidende das, was uns heute die Kopfschmerzen macht: großindustrielle Zusammenschlüsse unter Vernachlässigung der Kapitalseite und unter nicht genügender Wertung der Grundlage an mobilem, werbendem, arbeitendem und disponiblem Kapital.

Eine weitere Forderung ist die Hebung der Konsumfähigkeit der Massen. Ich habe schon auf die Forderungen der Gewerkschaften in bezug auf die Lohnfrage hingewiesen. Ich schließe mich in vollem Umfang den Ausführungen des Herrn Dr. Solmssen in bezug auf die Landwirtschaft an. Die landwirtschaftliche Bevölkerung in weiterem Sinne umfaßt 42% der erwerbstätigen deutschen Bevölkerung. Diese 42% konsumfähiger zu machen, bedeutet nicht nur, aus ihnen industrielle Abnehmer zu machen, sondern auch das, was Herr Dr. Solmssen will, nämlich zur wesentlichen Verbesserung unserer Zahlungsbilanz die Landwirtschaft an sich produktiver und ertragsfähiger zu machen als notwendige Voraussetzung der Konsumfähigkeit der Massen. Ich bemerke nur am Rande — Herr Geheimrat Eckert wird darauf eingehen —, die Hebung der Konsumfähigkeit der Umwelt, der anderen Staaten ist eine Frage der Handelspolitik.

Ebenso muß ich wegen der Kürze der mir zugewiesenen Zeit darauf verzichten, mich mit den Vorschlägen des Finanzministers Reinhold über eine Steuerermäßigung länger zu befassen. Nur soviel will ich bemerken, daß meiner Ansicht nach eine Ermäßigung der Umsatzsteuer um weitere $^4/_{10}$% für die Reichskasse einen Ausfall von einer halben Milliarde bedeutet, in der Preisbildung dagegen kaum zum Ausdruck kommen wird, auf der anderen Seite aber der Wirtschaft und der Bevölkerung verbleibt; außerdem muß ich darauf hinweisen, daß die Erhebung der Umsatzsteuer dieselben Unkosten erfordert, ob sie 0,6% oder 1% oder 2% beträgt. Im Sinne einer Förderung der Kapitalbildung würde ich es viel mehr begrüßen, wenn man bei der Körperschaftssteuer auf die Besteuerung der Zuweisung zu stillen Reserven verzichten wollte. Diese Besteuerung halte ich mit für die bedenklichste und wiederaufbaufeindlichste, die uns die nachrevolutionäre Steuergesetzgebung gebracht hat, bin auch der Auffassung, daß hier ein Anfang gemacht werden kann, die großen Schäden wiedergutzumachen, die durch die steuerliche Auspowerung der Unternehmungen entstanden sind.

Aber ich komme zum Schlusse und wieder zum Anfang meiner Ausführungen. Das A und O wird meiner Ansicht nach bleiben: Wir werden ohne Erneuerung und Festigung und ohne Ordnung unserer Geldwirtschaft im Inland, der öffentlichen und der privaten Geldwirtschaft unser Volk niemals wieder zu Arbeit und Brot bringen können. Ich glaube und hoffe, daß das allmählich bei der Industrie durchgedrungen ist, daß dort die Einsicht gekommen ist, welche enorme Bedeutung diese Frage hat für die Betriebsführung, für die Ausgestaltung, für die Rationalisierung der Betriebe und am Ende für die Beseitigung der Arbeitslosigkeit. Es ist ja oft im Leben so, daß man das erst richtig würdigen lernt, was man gehabt hat und was einem verlorengegangen ist. Aber hier in diesem Kreise kann ich nicht nachdrücklich genug darauf hinweisen: Meiner Ansicht nach ist und bleibt das A und O auch der industriellen Betriebsführung, die Grundlage und Voraussetzung für alles die Verfügung über ausreichendes mobiles, verantwortliches Eigenkapital. Deshalb muß unser Ziel die Kapitalbildung sein, auch über die größten Schwierigkeiten hinweg. Nur auf diesem Wege, nur auf lange Hand und nur auf lange Sicht werden wir auch wieder dazu kommen, die Arbeit so ertragreich zu machen, daß unser Volk anständig und richtig leben kann. Ich sage Ihnen, meine Herren, ich habe die Überzeugung, daß in der Industrie besonders diese Auffassung durchgedrungen ist; ob sie bei der Reichsregierung durchgedrungen ist, meine Herren, da wir heute in keiner politischen Versammlung sind, wage ich nicht, darüber in diesem Kreise ein Urteil zu fällen.

Vortrag des Geheim. Regierungsrat Prof. Dr. Chr. Eckert.

Als die Leitung der Bankenvereinigung mich ersuchte, nach namhaften Wirtschaftsführern heute das Wort zu ergreifen, gab ich meine Zusage nicht ohne Zögern. Denn gerade der Theoretiker kämpft beim Versuch einer Beantwortung der Frage „Wie schaffen wir unserm Volk Arbeit und Brot?“ mit zwei Schwierigkeiten.

Einmal ist das Thema allumfassend, umspannt oder berührt die meisten Fragen, die in den Bereich der Wirtschafts- und Sozialwissenschaften fallen. Sehr viele Veröffentlichungen aus dem Gebiet der speziellen Volkswirtschaftslehre, aber auch fast jede Ministerrede, jede parlamentarische Aussprache geben Beiträge zu dem Gedankenkreis des heutigen Abends.

Zum andern führt die Antwort aus dem Gebiet der reinen Erkenntnis in die Nachbarbezirke der Politik, die eindeutiger Behandlung verschlossen sind.

Der Wissenschaftler kann zur Frage Stellung nehmen, was ist, kann zu erkennen suchen, wie etwas geworden ist, wo die Ursachen, wo die Wirkungen liegen, welche zeitlichen Folgen beim Abspielen der Ereignisse zu erwarten sind. Er kann, um ärztlich zu sprechen, eine Diagnose, vielleicht eine Prognose stellen. Beginnt er aber therapeutische Maßnahmen vorzuschlagen, wird er niemals allseitiger Zustimmung gewiß sein dürfen. Sobald wir nicht erklären, wie etwas ist, sondern wie etwas werden soll, spielen Temperament, Lebenseindrücke, Berufsschicksale entscheidend in der Formung unseres Urteils mit, sind wir gebunden im Rahmen der Weltanschauung, die den innersten Kern jedes denkenden Menschen ausmacht. Wir verlassen den Boden der Wissenschaft, betreten die Kampffläche einer Kunstlehre, die anleiten soll, das uns möglich Scheinende zu wollen.

Wie sehr in ihrem Bereich die innere Gesamteinstellung, wie sehr der Weltglaube das Urteil über praktische Einzelfragen beeinflußt, lehrt ein Vergleich des Programms der Freien Gewerkschaften, das sie unter dem Titel „Gegenwartsaufgaben deutscher Wirtschaftspolitik" vor wenigen Tagen veröffentlicht haben, mit der Dezemberdenkschrift des Reichsverbandes der deutschen Industrie über die gleichen Probleme.

Aufgabe des Theoretikers kann es daher nur sein, Gesichtspunkte darzulegen, die sich aus der Betrachtung des historisch Gewordenen aufhellen lassen, Richtlinien, Verbindungsstriche zwischen verschiedenartigen Auffassungen vorzuzeichnen. Gelegentlich vermag der Volkswirtschaftslehrer auch darauf hinzuweisen, wo und inwieweit politische Versuche gegen ökonomische Grundgesetze verstoßen und um deswillen zur Unfruchtbarkeit verdammt sind. Vornehmlich fällt dem Wissenschaftler die Aufgabe zu, die Vielgebundenheit der Wirtschaftserscheinungen, ihre wechselseitige Verflochtenheit zu künden, davor zu warnen, für sie allzuleicht Rezepte vorzuschreiben oder zu meinen, die Schwierigkeiten mit gutgeprägten Schlagworten meistern zu können.

Der Politiker wie der Mann des praktischen Wirtschaftslebens werden immer überlegen, ob und wieweit sie vorgezeichnete Pfade einschlagen können, werden je nach den Voraussetzungen, die ich soeben andeutete, zu ganz verschiedener Beantwortung gestellter Fragen kommen.

Wenn ich so auch weiß, daß ich kein Allheilmittel vorschlagen kann, wenn ich Sie nicht alle zu überzeugen vermag, weil neben der Einsicht in Gegebenes Wille und Wunsch hinsichtlich des Kommenden mitschwingen, und mir bewußt bin, mit meinen Ausführungen gegen mancherlei Interessen zu verstoßen, so will ich mich doch bemühen, in vorgerückter Stunde einzelne wichtige Punkte hervorzuheben, um sie Ihrer Nachprüfung zu unterbreiten.

Ich will versuchen, die Ausgangspunkte heutiger Nöte ins Licht zu stellen und im Anschluß daran aus der Fülle der Geschehnisse und kommenden Möglichkeiten Fragen des Außenhandels und der Sozialpolitik zu streifen.

Seit ernste, tiefer schürfende nationalökonomische Betrachtungen am ausgehenden 18. Jahrhundert die Wirtschaftswelt durchleuchteten, stand im Kern aller Beobachtungen die Frage, wie es möglich werde, Menschenzahl und Nahrungsspielraum in Einklang zu bringen. Jede Ordnung des wirtschaftlichen Apparates kann immer nur für eine bestimmte Bevölkerungssumme ausreichen, ihr genügen. Jedes Zuwachsen der Wirtschaftssubjekte sprengt den gegebenen Rahmen, wie andererseits auch Störungen oder gar das Zerschlagen einer mühsam aufgebauten Wirtschaftsstruktur der seitherigen Zahl von Menschen nicht mehr die gewohnten Lebensannehmlichkeiten zu lassen vermögen.

Die heutigen Schwierigkeiten sind überwiegend Folgen des Weltkrieges, der nicht nur die weitumfassendste Kampfhandlung, sondern auch die größte Wirtschaftsrevolution aller Zeiten gewesen ist. Dadurch, daß die Friedensschlüsse von Staatsmännern getätigt wurden, denen die Einsicht in die elementarsten Wirtschaftsgesetze fehlte, dadurch, daß blinde Völker sich von Toren führen ließen, hat das Wiedererstarken der nationalen Produktivkräfte und der Wiederaufbau des Weltwirtschaftstausches sich außerordentlich verzögert. Nach einer schnell vorübergehenden Hochkonjunktur, die unmittelbar nach der Waffenruhe einsetzte, ist seit 1921 eine Weltkrise ausgebrochen, die bald die Arbeitslosigkeit von mehr Menschen verschuldete, als Männer im Kampf unter Waffen gestanden haben.

Europa vor dem Großkrieg war das geistige Zentrum der Weltwirtschaft, weil es mit moralischen und kapitalistischen Kräften eine Wirtschaftsherrschaft aufrichten konnte, die ihm inzwischen zum guten Teil entrissen wurde. Im ganzen war das europäische Festland bis zum letzten Viertel des 19. Jahrhunderts noch ein im wesentlichen sich selbst genügendes Gebiet, dessen Bevölkerungszahl seiner Wirtschaftsstufe angepaßt war. In der langen dann folgenden Friedensperiode wuchs der Wohlstand und mit ihm die Zahl der Menschen. Bessere Versorgung mit Nahrung, Wohnung, Kleidung dehnte die durchschnittliche Lebensdauer, stärkte die Arbeitskraft, streckte die Arbeitsmöglichkeit jedes einzelnen. Im Wechselspiel mehrte die dadurch gewonnene Vergrößerung des Menschenapparates, dessen Glieder langsamer verbraucht wurden, nicht so frühem Tod wie früher verfielen, den Wohlstand. Die Zunahme arbeitskräftiger europäischer Bevölkerungsmassen lieferte unserm Kontinent immer mehr und immer vollkommenere Arbeiter zur Erzeugung von Industriewaren. Sie stellte zugleich die nötigen Auswanderer, die neue Erdteile besiedelten, die Kleidungsstücke wie Hausgeräte, Hilfsmittel und Maschinen zur Landbestellung wie zum Bau von Wirtschaftsanlagen und Straßen, von Eisenbahnen und Schiffen aus der alten Heimat bezogen, dafür Rohstoffe und Lebensmittel aus den entferntesten Gegenden zu uns verfrachteten. Die Raumergänzung des eng besiedelten Europa durch Ausnutzung der Bodenfrüchte und Erdschätze anderer Kontinente mit Hilfe des modernen Verkehrs war nur möglich, indem neben den technisch-wirtschaftlichen Fortschritten alte Schranken und Grenzen fielen, der Wertausgleich auf der Goldbasis gesichert wurde, die Bewegungen der Kapitalien in einem Grad sich vervollkommneten, dessen voller Bedeutung wir uns jetzt erst bewußt geworden sind. Sicherung des Eigentums und Ordnung der europäischen Wirtschaft waren die Zielpunkte eines feingliedrigen, gutfunktionierenden Organismus, dessen ungestörter Ablauf gebunden war an äußere Faktoren des Staatensystems, abhängig blieb von Ruhe und Frieden, wie deren ein so weites und volkreiches Gebiet während eines gleichen Zeitraumes bis dahin sich niemals erfreut hatte.

Die in der zweiten Hälfte des 19. Jahrhunderts durch Arbeit in Industrie und Handel wohlhabender werdenden, ständig wachsenden Völker wurden nicht zu großen Ausgaben verleitet. Auch der Wirtschaftsführer Schicksal schien, die Macht, die ihnen die Kapitalnutzung gab, mehr im Dienst der individualistischen Wirtschaft zu erproben, als daß sie sich den Wonnen des unmittelbaren Verbrauchs hätte hingeben können. Jeder einzelne wurde damals durch Erziehung ermahnt, nicht nur planmäßig seine Kräfte anzustrengen, sondern auch Genüsse aufzuschieben, zu sparen für sein Alter, für Kinder und Kindeskinder, sich mit den Freuden der Erwartung und Sicherung zu begnügen. Die meisten arbeiteten innerhalb der sozialen Gemeinschaft nicht so sehr für den Augenblick, die Gegenwart wie für die Zukunft ihrer Familien und damit die fortschreitende Hebung der Völker.

So konnte, sofern dies Sparen, wenn auch nur langsam, aber ungestört weiterging, dereinst vielleicht ein Tag kommen, da das immer erneut Gesparte ausreichte für alle, die Nachwelt zum vollen Genuß der Arbeit vergangener Generationen berufen wurde. Der Unterernährung, der Überarbeitung, der Übervölkerung wurde damit ein Ende bereitet. Die Menschen konnten, im Besitz alles Nötigen für die Befriedigung leiblicher Bedürfnisse, Fortschritte machen in der Pflege geistiger und kultureller Fähigkeiten.

In den letzten 40 Jahren der Vorkriegszeit schienen Gesetze wirtschaftlichen Lebens, die vordem Denker und Politiker mit Sorge erfüllt hatten, in Frage gestellt, hat ein ungehemmter Fortschrittsglaube die europäische Wirtschaft beflügelt.

Allerdings drohten Gefahren. Wenn die Fruchtbarkeit des Menschengeschlechts die Kapitalsammlung immer wieder überholte, konnte alle Selbstverleugnung statt Mehrung des irdischen Glücks nur immer neue Massen hervorbringen. Sobald in den Überseegebieten eine dichtere Bevölkerung heranwuchs, konnten sie Europas Nahrungs- und Rohstoffbedürfnisse nur in geringerem Umfang und nur zu steigenden Preisen befriedigen. Oder aber alle Ersparnisse konnten schließlich in einem großen Krieg vernichtet werden.

Da diese Möglichkeit Wirklichkeit wurde, ist ihr eine neue Einstellung gefolgt. Die Lohnarbeiter lassen sich nicht mehr so willig wie ehedem vertrösten, die einkommensreicheren sind nicht mehr vom gleichen Glauben an die Zukunft beseelt, sondern suchen erlangte Möglichkeiten auszunutzen, solange sie leben und genießen können.

Kein Staat war von diesen Umwälzungen materiell und geistig mehr betroffen worden, als die deutsche Nation. Innere, wie äußere Umstellung, die Neuorientierung der Wirtschaft, aber auch der Seelen hat sich angesichts des schier Unfaßbaren weniger glücklich bei uns vollzogen, als zunächst noch gehofft werden durfte.

Deutschlands Bevölkerung stieg zwischen 1870 und 1914 von rund 40 auf nahezu 70 Millionen. Aus einem sich selbst versorgenden Agrarstaat wurde Deutschland ein gewaltiges, wirkungsvoll zusammengesetztes, ausgezeichnet funktionierendes Industriegebiet, dessen Wohlstand allerdings davon abhängig blieb, daß ihm jederzeit die Weltwege geöffnet waren, daß keiner der wesentlichen Faktoren, keiner der tragenden Pfeiler wegfiel, auf denen das reichverzweigte, vielumspannende Wirtschaftsgebäude ruhte. Nach der Vernichtung der Produktionskapitalien im Krieg, nach Verflüchtigung der Ersparnisse der lebenden wie vergangener Generationen in der Inflation, nach militärischer Niederlage und politischem Zusammenbruch, den der Siegerübermut der Feindstaaten in törichter Blindheit ausbeutete, sind die Grundbedingungen unseres Wirtschaftsseins völlig verändert.

Auf der Deutschland verbliebenen Fläche sind jetzt verhältnismäßig mehr Menschen zusammengedrängt als ehedem. An Boden haben wir etwa 15%, an Menschen nur rund 10% des Vorkriegsbestandes durch den Pakt von Versailles verloren. Nach dem Waffenkampf haben sich unsere Menschenverluste schneller ergänzt als die verlorenen Materialien und Möglichkeiten. Viele von den Abgesprengten hat es zu ihrer Väter Land zurückgezogen. Sie sind freiwillig oder unfreiwillig, zum Teil vertrieben aus den losgetrennten Gebieten, heimgekehrt. Sie sind wiedergekommen aus den ehemaligen deutschen Schutzgebieten, wie aus den deutschen Menschenkolonien, die allenthalben in der Welt in fleißiger Arbeit Werte gewonnen hatten. Beraubt ihres Grundbesitzes, fast ihrer ganzen Habe, wurden sie, arbeitsuchend, auf das alte Heimatland zurückgeworfen. Dieser Zustrom vermehrte seit 1919 das Arbeitsangebot, das ohnehin schon durch den Wiedereintritt ehemaliger Rentner ins Erwerbsleben, das Festhalten bei der Berufstätigkeit von solchen, die früher hatten hoffen können, in reiferen Jahren vom Ersparten zu leben, durch starke Zunahme der Frauenarbeit, nicht zuletzt auch durch Wegfall der allgemeinen Militärdienstpflicht gehoben wurde.

Die Schwierigkeit des Wirtschaftslebens mit allen ihren Nachwirkungen sind für uns Deutsche nicht so schnell wie für manche Siegervölker in vollem Umfang fühlbar geworden, einmal weil scharf durchgeführte, in ihrer Wirkung öfter verlängerte Demobilmachungsvorschriften eine rationellere Verwendung des Menscheneinsatzes hinauszögerten, dann aber, weil die Täuschungen der Inflationszeit mit Kettenhandel und Scheingeschäften, mit ihren ergebnislosen Schreibereien in übermäßig besetzten Büros über die Sachlage hinwegtäuschten. Erst nach Beendigung der Inflation mit ihrer nutzlosen Übergeschäftigkeit zeigt sich für uns deutlicher die Disparität zwischen Menschenzahl und Nahrungsspielraum.

Der Abbau des übersteigerten Beamtenapparates, der Zusammenbruch vieler, ursprünglich gut geleiteter Geschäfte, die Einschränkung der Produktion in den noch lebensfähigen Betrieben setzte Menschen in einem Umfang frei, wie dies noch vor kurzem kaum für möglich gehalten worden war. Nur mit einer Zahl möchte ich die Situation beleuchten. Nach Mitteilung der Kruppschen Zechenverwaltung ist in deren Betrieb infolge von Stillegung und Einschränkung die Gesamtarbeiterzahl von 42 000 auf

20 000 zurückgegangen. Von diesen waren 10 000 nur in Kurzarbeit beschäftigt. Nach Meldung vom 25. Februar ist eine weitere Verminderung der auf der Gußstahlfabrik beschäftigten Belegschaft zu Mitte bis Ende März nicht länger zu vermeiden.

So bedrängt uns Überangebot von Arbeitern, haben wir starken Menschenüberfluß, obwohl die Gesamtzahl der Beschäftigten in Deutschland immer noch so groß, ja noch etwas größer ist als in den Vorkriegsjahren. Die Verkürzung der Arbeitszeit, die Festhaltung nur zeitweise Tätiger vermögen mehr Menschen, allerdings bei zum Teil unzureichendem Verdienst zu beschäftigen, als ehedem der Fall gewesen ist. Trotzdem hat sich seit Mitte 1925 die Arbeitslosigkeit katastrophal verschärft. Am 1. Februar 1926 sind bereits über 2 Millionen Arbeitslose gezählt worden, während die Denkschrift des Reichsarbeitsministers vom 5. Dezember 1925 deren mögliche Zahlen für die schlimmsten Monate noch auf nur 600 000 Menschen geschätzt hatte. Wir sind nicht mehr weit entfernt von den Zuständen der Zeit des passiven Widerstandes an Rhein und Ruhr mit seinen 3 Millionen Arbeitslosen, wobei der Absturz seit Anfang Dezember noch steiler als in früheren Krisen gewesen ist.

Die Kurve der Arbeitslosen wird sich senken, wenn die Saisongewerbe, Bauten und Transporte, wenn die Landwirtschaft wieder größere Massen Erwerbsloser aufnehmen. Aber alles dies wird die Erwerbslosigkeit nicht beseitigen. Für das laufende Jahr und darüber hinaus ist mit ihr in sehr erheblichem Umfange zu rechnen, mindestens solange, als die Weltkrise, die aus den Torheiten der Nachkriegszeit ebenso wie aus den Verlusten der Kampfperiode herauswachsen mußte, sich nicht überwinden läßt.

Von neuem ist die Verschiebung in Menschenzahl und Nahrungsspielraum eingetreten, wie Malthus sie fürchtend erkannt hatte. Wir haben mehr Menschen in Deutschland, als wir wirtschaftliche Lebensmöglichkeit für sie erbringen können, wenigstens dann, wenn wir die Lebensannehmlichkeiten festzuhalten suchen, die wir vor 1914 gewohnt gewesen oder gar wenn einzelne und ganze Schichten, wie die ungelernten Arbeiter, verglichen mit den Gelernten, sogar über diesem Niveau sich zu halten wissen. Das Wort Clémenceaus, daß in Deutschland 20 Millionen zuviel seien, gewinnt tiefere Bedeutung. War es ihm eine Wunschvorstellung, sie zu tilgen, so müssen wir alles daran setzen, sie zu halten oder wenigstens zu erhalten.

Dies kann nicht durch einfaches Hinstreben auf Wiedergewinnung der alten Produktionskapazität erreicht werden, schon um deswillen nicht, weil wir weniger Absatzmöglichkeiten im Innern haben als ehedem und geringere Aussichten auf dem Weltmarkt. Die Schwierigkeiten auf seiten des Angebots verschärfen sich durch Schwierigkeiten auf seiten der Nachfrage. Dem Mehrangebot von Arbeit tritt eine geschwächte und geminderte Nachfrage nach deren Ergebnissen gegenüber.

Die Erkenntnisgrundlage für die Beurteilung der notwendigen Einzelmaßnahmen ist sehr unsicher. Uns fehlt, was bspw. in England seit 100 Jahren Unterlage aller Wirtschaftspolitik gewesen ist: die Durchführung geeigneter Sachenqueten, die ein überzeugendes Urteil ermöglichen. Unsere Parlamente haben in den letzten Jahren mancherlei Untersuchungsausschüsse eingesetzt über Versagen der Leitung und Ursachen des Zusammenbruchs, über Finanzskandale bis zu den Fememorden, über Probleme, die zum Teil mehr parteipolitisches, als allgemeines Interesse beanspruchen, zu deren Beurteilung wir nicht fern genug gerückt sind. Erst in diesem Jahr ist die Errichtung eines Ausschusses zur Untersuchung der Erzeugungs- und Absatzbedingungen der deutschen Wirtschaft in Aussicht genommen worden.

Dabei hätte die Gewinnung sachdienlichen Materials uns besonders notgetan, weil die Fortführung der alten Aufzeichnungen und Aufnahmen über industrielle Produktion, über Einfuhr und Ausfuhr infolge Verstümmelung des Gebietes, durch die Besetzung und ihre Nachwirkungen, durch die Schwierigkeiten jeder Berechnung während der Inflationsperiode immer mehr in Unordnung geraten ist.

Soweit wir statistische Angaben heute besitzen, sind sie angreifbar und unsicher. Vor allem wird jeder Vergleich erschwert durch die fiktiven Ausgangszahlen, bei denen die Vorkriegsleistungen um die Menschen gekürzt sind, die auf die verlorenen agrarischen und industriellen Überschußgebiete des Westens und Ostens fallen, als ob Elsaß-Lothringen, Oberschlesien, Posen und Westpreußen nie zum deutschen Wirtschaftsgebiet gehört hätten. Und doch bestand vor 1914 in der ganzen deutschen Volkswirtschaft ein organischer Zusammenhang zwischen den Überschußgebieten und den Verbrauchszentren. In Wirklichkeit haben — dies muß entgegen täuschenden Aufstellungen betont werden — weder Bodenräume noch Ernteflächen mit der heutigen Bevölkerungsvermehrung Schritt gehalten. Die Produktions- und Konsumtionsentwicklung pro Kopf der Bevölkerung steht noch jetzt unter Friedensmaß.

Wir sind innerhalb der Weltkrise in besonders schwieriger Lage, weil wir teurer als viele Mitbewerber heute produzieren. Die Kosten der Gütergewinnung liegen bei uns hoch, weil wir in den Kampf- und Inflationsjahren an den Fortschritten der Welt kaum teilgenommen haben, weil wir heute in vielen technisch-organisatorischen Fragen rückständig sind infolge der Verarmung, des Verlustes fast aller mobilen Kapitalien. Wir produzieren aber auch teurer als ein Teil unserer Konkurrenten, weil unsere Menschen im Grabenkrieg zermürbt, durch den Zusammenbruch die richtige Wirtschaftsauffassung verloren, an die Vorspiegelung eines irdischen Paradieses durch einfache wirtschaftliche und soziale Umschichtung ohne Neugewinnung der verlorenen Güter glaubten, durch die täuschungsreiche Inflation seelisch verdorben, noch keine innere Umstellung vorgenommen haben.

Weil unsere Preislage hoch ist, stockt der Absatz im Innern wie draußen. Wir müssen alles daransetzen, da wir die Konsumkraft im Innern nicht schnell erhöhen können, wieder auf dem Weltmarkt Fuß zu fassen, weil der weltwirtschaftliche Austausch uns früher allein die Ernährung unserer hohen Bevölkerungszahl möglich gemacht hat. Die Verwirklichung dieser Erkenntnis verlangt kluge, zielbewußte Wirtschaftspolitik.

Während in den machtpolitischen Gruppierungen der Vorkriegszeit lange Zeit hindurch internationale Verknüpfung und nationale Eigengesetzlichkeit nebeneinander gingen, sind sie seit dem Krieg aufeinandergeprallt. In der Vorkampfzeit ergab sich ein ausgeglichener Gegenrhythmus aus der Tatsache wachsender Internationalisierung des Tauschens und Genießens bei gleichzeitigem Versuch, die nationalen Kräfte in ihrer Entfaltung zu sichern, fortzuentwickeln, zu vervielfältigen. Heute ist von solch annäherndem Interessenausgleich wenig mehr zu spüren. Die nationalegoistische Sperrpolitik beherrscht stark das Feld.

Die Absatzmöglichkeiten von Waren außerhalb der Landesgrenzen sind uns gekürzt, weil in vielen Gebieten der Erde neue Industrien entstanden, weil außerhalb Europas wirtschaftliche Möglichkeiten ganz anders ausgenutzt werden, als dies ehedem der Fall gewesen ist. Die Agrarländer streben nach industrieller Autarkie, Siegerstaaten wie Neutrale suchen die für Kriegsbedürfnisse entstandenen Produktionsanlagen mit Hilfe der Machtpolitik rentabler zu gestalten und durchzuhalten. Das Zerreißen großer Wirtschaftskörper führte zu Schwierigkeiten, die allenthalben in der Güterversorgung in Erscheinung treten. Volkswirtschaftlich und sozial zuverlässige, rationale Abnehmer sind durch Augenblicks- und irrationale Käuferschichten ersetzt, unnötige Zwischenglieder in den vielfach gehemmten Wirtschaftslauf eingeschaltet.

So sind wir vor eine neue, von Grund aus andere internationale Lage gestellt. Wir müssen versuchen, dieser großen Schwierigkeiten trotz aller Hemmungen Herr zu werden.

Mit seltener Einmütigkeit hat die deutsche nationalökonomische Wissenschaft schon im September 1924 sich dahin bekannt, daß die neue Wirtschaftsstruktur Deutschlands wie wesentliche Änderungen in der Gruppierung der Kräfte am Weltmarkt unser Vaterland vor neue handelspolitische Aufgaben stellen. Vertreter der Wirtschafts- und Sozialwissenschaften, unter ihnen viele, die die Grundgedanken der deutschen Handelspolitik vor dem Krieg verteidigt haben, machten mit Nachdruck darauf aufmerksam, daß wir unter gewandelten Verhältnissen mehr noch als früher die Vorteile weltwirtschaftlichen Güteraustausches uns zu eigen machen müssen. Wir vermögen Industrie- und Agrarzölle nur insoweit zu billigen, als sie ein derzeit noch unentbehrliches und Erfolg versprechendes Mittel für eine freiheitliche Gestaltung des internationalen Verkehrs bedeuten. Wir lehnen die handelspolitische Sperrpolitik ab, weil sie für unser durch Abrüstung zu politischer und militärischer Ohnmacht verdammtes Land außenpolitisch unmöglich, für unsern verstümmelten Wirtschaftskörper nach dem Verlust wichtiger landwirtschaftlicher Überschußgebiete, unserer Erzgrundlagen, nach Wegnahme aller überseeischen Stützpunkte volkswirtschaftlich undenkbar erscheint.

In der Regelung der Außenhandelsbeziehungen treten echte und vermeintliche Interessengegensätze der Länder wie ihrer Wirtschaftskörper in Erscheinung. Jeder Handel trägt einen Januskopf. In jedem Güteraustausch liegen Friedens- und Kampfelemente. Er kann so geregelt sein, daß der Vorteil des einen den Nachteil des andern bedingt. Er kann aber auch derart geformt werden, daß die verschiedenen, in ihn hineingezogenen Länder nahezu gleichmäßig gewinnen. Wer auf die Möglichkeit des Ausgleichs der Interessen vertraut, dem Ideal friedlichen Wirtschaftstausches zustrebt, muß versuchen, Schranken, die zwischen den Nationen errichtet sind, in tunlichst weitgehendem Umfang abzubauen. Wenn Deutschland für die Neuorientierung des internationalen Güteraustauschs programmatisch streitet, kann es selbst am leichtesten den Wiederanschluß an den Weltmarkt finden. Unsere Aussichten bei Übernahme solcher Aufgaben waren und sind, wenn sie unbeirrbar und zähe verfolgt werden, nicht gering einzuschätzen.

Deutschland kann in der Gegenwart Fragen aufrollen, deren Lösung dem in zwei Teilen gespaltenen, wirtschaftlich in einer Überleitungszeit befindlichen, politisch wenig mächtigen Preußen mit der Schaffung des Zoll- und Handelsgesetzes vom 26. Mai 1818 gelungen ist, das im Einklang mit weltbewegenden Idealen jener Epoche eine einfachere, gerechtere und mit billigeren Mitteln arbeitende Wirtschaftsordnung gebracht hat. Innerhalb des nur lose verbundenen Deutschlands hat damals Preußen durch kluge Politik eine *Neuordnung des Wirtschaftsaustausches* bahnbrechend eingeleitet, wie sie *Deutschland* heute *innerhalb des zerstückelten Europas vorbereiten* muß.

Wenn wir dies verlangen, so betonen wir gleichzeitig, daß solche Stellungnahme keinesfalls bedeutet, bei Verhandlungen alles zu dulden und hinzunehmen, was ehemalige Kriegsfeinde und neue Wettbewerber im Wirtschaftsleben uns zu bieten suchen. Gerade der bewußte Stellungswechsel verlangt in seiner Durchführung eine gewandte, aktive Verhandlungspolitik.

Die Idee des geschlossenen Wirtschaftsstaates auf den Gebieten landwirtschaftlicher Gütergewinnung zu verwirklichen, war schon vor dem Weltkrieg gescheitert. Schon damals lief der Bevölkerungszuwachs der Intensivierung voraus, schon in jenen Jahren ist es nicht gelungen, unsere Ernährungsansprüche ganz aus dem Inland zu decken, trotz anerkennenswerter Steigerung der Leistungen. Als wir im Krieg wirklich abgesperrt wurden, konnte uns die deutsche Landwirtschaft nicht vor dem Hunger und damit nicht vor dem Zusammenbruch bewahren, obwohl wir das fast unfaßbare Glück hatten, daß der Kampf gerade Ende Juli ausbrach und nicht wenige Monate später, wo infolge unseres damaligen Ausfuhrscheinsystems die östlichen Kornlager leer, die westlichen noch nicht aufgefüllt gewesen wären, so daß wir schon im Dezember 1914 kaum noch Brot gehabt hätten. Nach dem Verlust landwirtschaftlicher Überschußgebiete ist die Idee national geschlossener Volkswirtschaft, die Fernhaltung fremder Agrarerzeugnisse und die damit unausweichliche künstliche Verteuerung der Lebenshaltung gerade angesichts wachsender Not breiter Schichten besonders bedenklich.

Wir halten den Wiederaufbau der Kornzölle für verfehlt, prinzipiell um deswillen, weil auf die Dauer kein Kornzoll den Kornbau fördert, sondern nur die Grundrente anschwellen läßt, weil er nur vorübergehend einzelnen Landwirten zugute kommt, die die höheren Getreidepreise bald auf den Preis des Bodens übertragen. Bei jedem Käufer, der den Boden gemäß diesem gesteigerten Wert erwirbt, bei allen Erben, die dementsprechend die Miterben abfinden müssen, ist vom Vorteil des Kornzolles nichts mehr zu spüren. Wir lehnen den Wiederaufbau der Getreidezölle aber auch ab aus tatgegebenen Bedenken, weil die Ziele, für welche die Verteidiger des Agrarschutzes früher eintraten, annähernd erreicht sind, weil durch die Zollhilfe, die den Gutsbesitzern geworden ist, sie die Übergangszeit seit 1879 überdauerten und nun der Zeitpunkt gekommen ist, wo die Unterschiede der Kornproduktion in der ganzen Welt sich weitgehend ausgeglichen haben. Die deutsche Landkultur kann heute bei Weltmarktpreisen bestehen, wenn diese sich nur richtig auswirken, die deutsche Landwirtschaft nicht künstlich isoliert ist.

Erscheint so ein Getreidezoll unnötig und gefährlich, so ist viel verderblicher noch der Zoll auf Futtermittel, der allen Absichten der Vermehrung der Vieh- und Milchwirtschaft entgegenarbeitet. Er verhindert den Wiederaufbau der landwirtschaftlichen Veredelungsbetriebe, die Rentabilität von Kuhstall und Schweinemast. Er ist zu bekämpfen unter dem Gesichspunkt der Rentabilität der Bauernwirtschaft wie der Ernährungserschwerung breiter Massen. Der Futtergerstezoll ist etwa so zu beurteilen, wie wenn wir die Einfuhr ausländischer Eisenerze durch Zoll verteuern wollten, um die deutsche Erzgewinnung schützen zu können. Er verteuert einen auf fremdem Boden gewonnenen Rohstoff, den wir für die bäuerliche Veredelungswirtschaft, wie sie früher bestanden hat und wieder angestrebt werden muß, dringend brauchen.

Nicht durch Sperrmaßnahmen, sondern durch Gewährung von Krediten, durch Förderung der Maschinisierung, durch kaufmännische Schulung u. dgl. ist den Landwirten zu helfen.

Man wird die bäuerlichen Massen von der Richtigkeit der Neuorientierung unserer Agrarpolitik freilich nur überzeugen können, wenn auch die Industriezölle allmählich abgebaut werden, wenn das Streben offensichtlich bleibt, die handelspolitischen Künsteleien auf der ganzen Linie zu beseitigen. Allerdings besteht zwischen Zöllen für Industrieerzeugnisse und Zöllen für Bodenprodukte ein wesentlicher Unterschied. Wenn ein Staat die Einfuhr fremder Fabrikate Abgaben unterwirft, um Industriezweige vor dem Niedergang zu schirmen, so behält die heimische Fabrikation, solange der Schutz währt, einen Vorsprung vor dem ausländischen Wettbewerb und damit einen Antrieb zur Mehrerzeugung. Denn die Ergebnisse gewerblicher Fabrikate sind nur zum kleinsten Teil vom Bodenmonopol abhängig, sie sind im wesentlichen durch Faktoren bestimmt, die im freien Wettbewerb gewonnen und ausgebeutet werden können.

Bei Verhandlungen über wechselseitige Zugeständnisse, über den Abschluß neuer Handelsverträge muß Deutschland mittels Bereitschaft zum Abbau eigener Zölle nicht nur gegenseitige uneingeschränkte Meistbegünstigung, sondern langfristige Bindungen der fremden Zölle, Sicherungen gegen deren plötzliche Erhöhung anstreben. Gerade die letzten Monate haben gezeigt, daß wir mit dem Erreichen der Meistbegünstigung allein nicht auskommen können. Noch im Dezember 1924 erschien es uns als wertvolles Ergebnis der deutsch-englischen Verhandlungen, daß England bereit war, uns die absolute

Meistbegünstigung zuzugestehen. Die seitdem von England durchgeführte Zollpolitik, die in erster Linie deutsche Waren betraf, hat den Vorteil der uns gewährten Meistbegünstigung illusorisch werden lassen. Was heute notwendig ist, namentlich für unseren industriellen Export, ist, soweit nicht ein allgemeiner Abbau der Zölle erreicht werden kann, die Zölle in Verhandlungen festzulegen, da die Zollbindung ebensosehr wie die Zollhöhe für die mit längeren Fristen rechnende Industrie von entscheidender Bedeutung ist.

In einer Zeit allgemeinen Zollabbaus genügt die wechselseitige Meistbegünstigung, in einer Zeit, die danach strebt, die Zollmauern noch lückenloser zu gestalten, Zolltürme aufzurichten, ist die Bindung der Zollsätze mindestens ebenso wichtig.

Eine teilweise gegenseitige Preisgabe des durch Zölle gewährten Schutzes ist bei diesen Verhandlungen nicht zu umgehen. Preisgabe von Verhandlungszöllen, d. h. hochgesetzter Zollpositionen, auf die in Vereinbarungen wieder verzichtet werden soll, nutzt wenig. Heraufsetzungen von Zöllen für Verhandlungszwecke unterschätzen die Kenntnisse der Gegner, reizen nur, allenthalben die Schranken weiter zu erhöhen, wie dies vielleicht am deutlichsten in Erscheinung getreten ist, als ein neugebackener Staat wie Polen es uns gegenüber wagen konnte, auf die einfache Ankündigung unseres Zolltarifs hin im Mai 1925 eine große Anzahl der Ansätze seines Tarifs im Verordnungswege durch Angst- und Kampfzollerhöhungen ins Ungemessene zu steigern.

Wir dürfen uns bei Verhandlungen nicht schrecken lassen, wenn nach Jahren wechselseitiger Verfeindung die Erkenntnis vom Segen des weltwirtschaftlichen Güteraustauschs sich zögernd verbreitet, wenn nach allen Arten von Vergewaltigung die Einsicht in die Vorteile gegenseitiger wirtschaftlicher Annäherung nur langsam sich Bahn bricht. Ganz allmählich wird sich das Verständnis dafür wieder mehren, daß jedes Land auf andere Gebiete angewiesen ist, daß wirtschaftlich keines gedeihen kann, wenn große Nachbarstaaten zur Verkümmerung gedrängt werden. Zur Erreichung des fern vor uns liegenden Zieles wird langwierige, systematische Kleinarbeit nötig sein. In schrittweisem Vorgehen können wir ihm näher kommen, auch wenn Rückschläge gelegentlich nicht ausbleiben.

Wir werden auf dem Auslandsmarkt mit solchen Methoden uns am ehesten für unsere Waren wieder Absatzmöglichkeiten gewinnen, trotz der amerikanischen Rationalisierung, der englischen Subventionspolitik und des französischen Dumping, das gewiß nicht unterschätzt werden soll, in seiner Tragweite aber auch nicht überschätzt werden darf.

Wir werden bei diesen Mühen Vorkämpfer sein einer engeren ökonomischen Zusammenarbeit Europas, werden unter Überwindung starker Gegensätze auf die europäische Interessengemeinschaft unsererseits hinarbeiten müssen, aus der Einsicht heraus, daß die überalterten Zollgrenzen und wirtschaftlichen Sperren der europäischen Kleinstaaterei in unserm politisch zerstückelten Kontinent tunlichst zu beseitigen sind, damit dieser innerhalb des Weltganzen wieder das nötige wirtschaftliche Gewicht, die ihm zukommende Bedeutung erhält. Bei allen Versuchen und Absichten einer Annäherung Deutschlands und Österreichs sind die ökonomischen Fragen wichtiger, ist deren zweckentsprechende Behandlung innen- wie außenpolitisch eher möglich als jede Form staatlichen Zusammenschlusses. Die Erdteilsgebundenheit der europäischen Bevölkerung muß in Erdteilsgesinnung trotz aller Hemmnisse allmählich sich wieder auswirken. Der alte Kontinent, vor dem Krieg der Großgläubiger der Erde, jetzt in fast allen seinen Teilen verschuldet und verarmt, muß fiebernd arbeiten für die Tributzahlungen an die Neue Welt, wird ihrer allmählich nur ledig werden, wenn er überkommene wirtschaftliche Streitigkeiten überwindet und seine Kräfte im Dienste größerer Gemeinschaft zusammenrafft.

Ob neben Handelsverträgen überkommener Art ganz neuartige Wirtschaftsbündnisse großen Stiles möglich sind, bspw. Zusammenfassungen des Warenverkehrs zweier Länder etwa Deutschlands und Argentiniens hinsichtlich der Gesamtein- und Ausfuhr ähnlich den Kompensationsverträgen der Kriegs- und Nachkriegszeit, wieweit etwa staatliche Förderungen des Außenhandels durch irgendeine Methode der Exportkreditversicherung, durch Verteilung des in langfristiger Kreditgewährung liegenden Wagnisses bei Lieferungen für Rußland auf Reich, Länder, Industriezweige und Banken dienlich ist, kann im einzelnen heute nicht erörtert, soll aber doch erwähnt werden.

Neben der durch die öffentlich-rechtlichen Korporationen, vornehmlich durch den Staat durchgeführte internationale Verständigungsaktion zur Förderung des Außenhandels wird unser Wiedereindringen in die Weltwirtschaft durch private Vereinbarungen großer Wirtschaftszweige wesentlich zu fördern sein. Die im Zusammenhang mit den deutsch-französischen Handelsvertragsverhandlungen immer wieder aufgenommenen Bemühungen um eine Verständigung über den Auslandsabsatz konnten naturgemäß nicht schnell zum Ziele führen, zumal die deutsche Eisenindustrie den Verlust der lothringischen Werke nicht widerstandslos eingesteckt hatte, sondern durch Erweiterung der ihr verbliebenen Anlagen sich Ersatz zu schaffen wußte. Weder Inlands- noch Auslandsmärkte werden aber in absehbarer Zeit dazu ausreichen, die volle Erzeugung der deutschen und französischen Eisenindustrie aufzunehmen. Einschränkungen auf Grund einer Verständigung, die schließlich auf internationale Kartellierung zugleich mit andern europäischen Eisenindustrien hinauslaufen würden, sind also naheliegend. Auch die Absicht der Bergbautreibenden Englands, mit Unternehmungen des deutschen Kohlenbergbaues zu einer Verständigung wegen des Vorgehens auf dem Weltmarkt zu kommen, tritt immer mehr hervor.

Der Zwang zur Fabrikausfuhr würde für Deutschland nur in dem Umfang sich abschwächen, als es gelingt, Fortschritte in besserer Ausnützung der Rohmaterialien, in künstlicher Herstellung von Rohstoffen zu erzielen. Dieser

Ausweg könnte die Wirtschaftsprobleme der rohstoffarmen Länder und damit die Grundlage der internationalen Beziehungen weitgehend ändern. Künstliche Farben, Vanille, Stickstoff haben die Naturprodukte verdrängt. Innerhalb der Textilfasern hat die Kunstseide schnell an Bedeutung gewonnen. Die Verflüssigung der Kohle würde die europäischen Wärmeinteressen einer leichteren Zukunft entgegenführen, die Veredelung des Stahles hat Mengen von Halbedelmetall entbehrlich gemacht, die Gummipflanzer beginnen, den Aufschwung der gesamten Regenerationsindustrie zu fürchten.

Neben der Pflege der Außenhandelsbeziehungen kann die Belebung des Binnenmarktes Besserung bringen.

Wenn auch mancherlei Schwierigkeiten dabei nicht verkannt werden dürfen, liegen doch Anreize zur Genesung unserer Wirtschaft, Möglichkeiten neuer Arbeitsbeschaffung in den Vorschlägen, wie sie jetzt der neue Reichswirtschaftsminister Dr. Curtius als Programm entwickelt hat. Die wirtschaftsnützliche Arbeit ist zu begrüßen, die im Inland durch die in Aussicht gestellten Kredite angebahnt wird. Die Beihilfen an die Reichsbahn für Beschaffung von Wagen, Erneuerung des Oberbaues, für Schienen und Brücken, Kredithilfe für die Notleidenden im Kohlenbergbau geben vielen Brot und Arbeit durch Kapitalleihe des Inlands im rechten Augenblick.

Nicht weniger vermag die Kredithilfe des Auslandes zu bedeuten. Die Behinderung der Kredite für öffentliche Körperschaften, vornehmlich für die Städte, hat mit den Erscheinungen der Arbeitslosigkeit dieses Winters mehr zu tun, als Außenstehende annehmen. So gewiß gewichtige Einwände gegen das Einströmen ausländischer Kapitalien in die deutsche Wirtschaft geltend gemacht werden konnten, so wenig ich deren inflationistische Wirkung abstreiten möchte, so sehr vom Standpunkt der Währung zu fordern ist, daß Auslandskredite nur für produktive oder sagen wir besser für rentable Anlagen aufgenommen werden sollen, so sehr ist die derzeitige Methode gerade für diese

Monate bedenklich geworden. Wenn bspw. Köln für Errichtung einer Müllverbrennungsanstalt, wenn Berlin selbst für Schnellbahnprojekte von dem Prüfungsausschuß des Finanzministeriums und den Überwachungsbehörden Auslandsanleihen verwehrt wurden, so wird auch der bedenklich, dem jede Empfehlung der Verschwendungssucht der Städte fernliegt. Selbst wenn eine Stadt unter den heutigen Verhältnissen Volkshäuser oder sportliche Kampfplätze mit Auslandsgeldern errichten wollte, die sich übrigens gut verzinsen und amortisieren lassen, ist dies nicht schlimmer, als wenn Fabriken für entbehrliche Luxusgüter mit solcher Hilfe errichtet werden. Nach Eingang der Kreditdollars wird gebaut mit inländischen Mitteln und heimischem Menschenmaterial, dem neue Arbeitsmöglichkeit geschaffen wird. Wir schneiden uns auf die Dauer Möglichkeiten schnellen Wiederaufbaues ab, wenn wir den Zustrom des Auslandskredits an die öffentlichen Körperschaften und deren Anlagen verhindern, für die gerade das amerikanische Publikum die größte Vorliebe hat.

Die zentrale Hilfsmöglichkeit, die wirkliche Behebung der Arbeitslosigkeit liegt in der Belebung der Wirtschaft durch vorausschauende Planung notwendiger Arbeiten, nach weitgestecktem Programm auch öffentlicher Körperschaften, die an Stelle von schlecht vorbereiteten zukunftsarmen Augenblicksmaßnahmen und Notstandshilfen treten müssen. Alle maßgebenden Stellen sollen allmählich erkennen, daß *solche Wirtschaftspolitik zugleich die beste Art der Sozialpolitik* von heute darstellt, daß diese die Schäden eindämmt und verhütet, die jene höchstens abmildern, in ihren Wirkungen abschwächen kann.

Aber die Verfolgung all dieser Zielrichtungen bedarf der Zeit. Währenddessen dauert die Arbeitslosigkeit an.

Der Rationalisierungsprozeß wird sogar noch mehr Menschen freisetzen, als dies die seitherige Wirtschaftsweise schon getan hat. Man denke nur an das naheliegende Beispiel, wieviel Telephonmädels allein die Einführung des eisernen Fräuleins, des Selbstwählersystems, freisetzt;

oder ich verweise auf Mitteilungen einer deutschen Automobilfirma, die nach Einführung amerikanischer Arbeitsweise und neuer Spezialmaschinen die Tagesleistung von 1,8 Autos bei 2500 Arbeitern auf 6 Wagen bei 1000 Arbeitern steigerte. Jede Rationalisierung bedeutet zunächst wieder Freiwerden, Freistellen von Menschen, denen andere Beschäftigungsmöglichkeiten nicht gegeben werden können, bis erst nach erzielter Verbilligung und Steigerung der Gütererzeugung wieder mehr Menschen Aufnahme finden.

Die Überzahl an Menschen wird daher, da wir nicht alle halten können, aber erhalten müssen, immer wieder nach Möglichkeiten zur Auswanderung suchen.

Ringt der Absatz der Fertigwaren auf dem Weltmarkt mit Schwierigkeiten, so ist die Aufnahme von Menschen außerhalb Europas nicht nur vorübergehend, sondern in weiten Gebieten der großen Kontinente dauernd, mindestens für lange Zeit eingeengt. Die Vereinigten Staaten von Amerika, das Dorado des 19. Jahrhunderts, sind mit eigener Bevölkerung bei fortgeschrittener Maschinisierung des Lebens und Rationalisierung der Produktion soweit gesättigt, daß sie sich immer mehr abschließen. Die britischen Einwanderungsgebiete geben die Losung ab, Britannien für die Briten. Die farbigen Rassen, die erwacht sind, erkennen die Überlegenheit weißer Ankömmlinge nicht mehr an, verlangen heute, daß Asien den Asiaten, Afrika den Afrikanern gehört. Vielleicht liegen Aufnahmemöglichkeiten, die aber vorläufig nicht überschätzt werden sollen, in der neuen Welt Sowjet-Rußlands. Die dortigen Behörden beginnen, die Einwanderung wenigstens von sozialistischen Arbeitern und Familien zu fördern. Möglicherweise wird auch deutscherseits eine Abwanderung von Arbeitern nach Rußland in absehbarer Zeit durchzuführen sein.

Alle diese Hilfen bringen keine restlose Problemlösung. Der M e n s c h e n ü b e r f l u ß, an dem wir heute in Deutschland leiden, wird, man mag die Frage überprüfen, wie immer man will, für die jetzt lebende Generation gegen unseren Nahrungsspielraum drücken, er wird gleichsam in Wellenbewegungen auf- und abschwingen, aber doch vorhanden bleiben.

Es zeigt sich uns die harte Tatsache sozialer Bedrängnis weiter Schichten, die nicht schnell verschwinden wird. Wir erkennen Nöte, die durch Fürsorge der organisierten Gemeinschaft soweit wie tunlich überwunden werden müssen. Sofern es nicht gelingt, den im Überangebot vorhandenen Menschen Arbeit zu schaffen, ist ihnen durch Opfer der Gesamtheit Brot zu bieten.

Soziale Hilfe, gar sozialer Fortschritt ist allerdings nur möglich, soweit die Ergiebigkeit der Arbeit ihn aushält. Die elementaren Schranken der Sozialpolitik lassen sich elastisch nur dann erweitern, wenn sie gleichzeitig mit ihren Maßnahmen die Leistungsfähigkeit des Volkes durch Entfalten der physisch-wirtschaftlichen und geistig-sittlichen Kräfte zu steigern weiß. Solange das Nationalvermögen wächst, vergrößert sich der Fonds, aus dem Erleichterungen und soziale Leistungen beglichen werden können.

Die vor wenigen Jahren hochgehende Hoffnung erschöpfter Menschen, daß sich auf dem Trümmerfeld des Gewesenen ein irdisches Paradies errichten lasse, mußte mehr und mehr verschwinden. Der Irrwahn, daß eine Änderung des Verteilungsmaßstabes zum Glücke weiter Kreise genüge, beginnt sich zu verflüchtigen. Das Ende der täuschungsreichen Inflationsperiode hat die Augen für das Trugspiel der Zeit geöffnet, die Abhängigkeit aller sozialen Politik von wirtschaftlichen Voraussetzungen wieder deutlicher werden lassen.

Die Wirtschaftsführer sind an diesem Wahn nicht ganz ohne Schuld gewesen. Nach dem Zusammenbruch hatten nur wenige von ihnen noch den Mut, sich zum individualistisch-kapitalistischen Systeme zu bekennen. Viele leisteten wenig Widerstand gegen weitgehende sozialpolitische Forderungen, teils weil sie in solchem Verlangen nur vorübergehende Erscheinungen sahen, teils weil sie glaubten, durch Nachgiebigkeit Schlimmerem vorbeugen zu können, sich begnügten, beim allgemeinen Niedergang tunlichst ihre privaten Interessen zu retten oder im Strudel der Geldentwertung Fatalisten wurden. Erst seit 1923 macht sich wachsender Widerstand gegen übertriebene soziale Forderungen geltend. Das Schlagwort von der Inflation der Sozialpolitik und deren nötigem Abbau wurde in die Diskussion geworfen, das seitdem so vielfach besprochen und so weitgehend mißverstanden wurde.

Der Kampf gegen den Massenwahn bedeutet, soweit er vernünftig geführt wird, keine Verneinung der Sozialpolitik. Im ganzen steht das heutige verarmte, in schwerer Krisis ringende Deutschland im Ausmaß seiner sozialen Fürsorge immer noch mit an der Spitze aller Länder. Mit der einzigen Ausnahme Groß-Britanniens trägt es die höchsten sozialen Lasten, darf es sich mit den sozialpolitisch weitgefeierten Leistungen mit dem der Vorkriegszeit, die es zum Teil noch überbietet, messen. Mögen die materiellen Darbietungen im Verhältnis zur allgemeinen Bedürftigkeit und Not oft unzureichend erscheinen, im Vergleich mit dem Auslande schneiden die Deutschen nicht schlecht ab, im Vergleich mit ihren Wirtschaftsverhältnissen haben sie Gewaltiges vollbracht.

Unbestritten bleiben alle sozialpolitischen Einrichtungen der Vorkriegszeit, wesentliche Teile auch der Nachkriegs-Sozialpolitik. Auf zwei Gebieten nur herrscht, wie schon Herkner betonte, Meinungsstreit: Einmal hinsichtlich von Anordnungen, die zwar nicht dem Wesen unseres Wirtschaftssystems widersprechen, aber in ihrem Ausmaß für den gegenwärtigen Zustand unerträglich sind, zum andern hinsichtlich von Maßnahmen, die aus einer sozialistisch gerichteten Geistigkeit hervorgegangen, mit den Lebensbedingungen unserer Wirtschaft in umso schärferen Widerstreit geraten, als diese ihren normalen Charakter zurückgewinnt.

Was die zweite Gruppe anlangt, so darf ruhig behauptet werden, daß trotz aller Bemühungen keine einzige Sozialisierung zustande gekommen ist, auch die vielgepriesene Planwirtschaft bislang versagt hat. Das heutige Geschlecht scheint weder technisch, wirtschaftlich noch sittlich für ein Gemeinschaftsleben genügend erzogen zu sein, eine Erkenntnis, die mit Opfern erkauft wurde. Sie sollte aber auch dazu führen, bspw. Einstellungszwang mit Kündigungsbeschränkungen, Stillegungseinengungen, Verbindlichkeitserklärungen von Schiedssprüchen, alles Maßnahmen, die weitgehende Machtvollkommenheiten in die Hand staatlicher Bürokraten legen, maßvoll und vorsichtig zu gebrauchen.

Zu den Problemen der ersten Gruppe gehört die Frage des Achtstundentages und die Art der Erwerbslosenunterstützung.

Es ist nicht leicht, den Achtstundentag zu kritisieren, an dem Arbeiterkreise mit fast religiöser Inbrunst hängen, zumal sie in ihm die einzige noch gebliebene Errungenschaft der politischen Umwälzungen erblicken, ohne zu erkennen, daß ein wirtschaftlicher Zusammenbruch, wie wir ihn erlebten, Gutes überhaupt nicht übrig läßt. Große und gefährliche Irrtümer sind in der Regel Herzenssache geworden. Aber trotzdem wird man von ihnen sprechen müssen, auch wenn man Gefahr läuft, als Bekehrter oder Verräter, als Gekaufter oder Feind der Arbeiterklassen behandelt zu werden. So wünschenswert jede erträgliche Verkürzung der durchschnittlichen Arbeitszeit ist, so wenig dürfen wir uns der Einsicht verschließen, daß die überstürzte Einführung des Achtstundentages mancherlei schwerwiegende Nachteile im Gefolge hatte, daß dieses Problem keine uniforme Lösung verträgt. Die Kürzung der Arbeitszeit läßt nur da sich verteidigen, wo eine Einholungsmöglichkeit durch wirksamere, gehaltreichere Leistungen gefunden wird. Die Verhältnisse liegen verschieden nach Art der Gewerbe und Betriebe, ihrer Größe und Kapitalmacht, Zahl und Länge der Arbeitspausen, hinsichtlich von Alter und Geschlecht der am Werk Beteiligten. Die Arbeiter müssen den Preis beachten, mit dem sie die Kürzung der Arbeitszeit erkaufen, sie müssen ihrerseits dazu beitragen, durch Vermeidung von Leergang und arbeitsstörenden Gewohnheiten Ausgleich für das Zeitzugeständnis zu bieten.

Schwieriger noch liegt das Problem einer im Ausmaß für die Gesamtheit der Schaffenden erträglichen, in der Ausgestaltung für die Bedachten zweckentsprechenden Regelung der Erwerbslosenunterstützung.

Verteidigen wir als oberstes Prinzip unserer Wirtschaftsordnung die wirtschaftliche Selbstversorgung, so ist regelmäßige Unterstützung nur bei bestimmten Lebensschicksalen, wie Krankheit und Unfall, oder beim Absterben der vermögenslos Gebliebenen notwendig und möglich. Nach dem Kriege weitete sich die Pflicht der Hilfeleistung; sie wächst nun in dem Maße, als Massen trotz guten Willens keine Arbeit finden können.

Da jeder Mensch Selbstzweck ist, da nach unsern ethischen Auffassungen es gar nicht anders sein kann, dürfen wir heute alle jene, die durch den Krieg, durch die ihn begleitende Umstellung der Weltwirtschaft, durch die Unvollkommenheiten unseres Wirtschaftsapparates ohne wesentliche Mitschuld arbeitslos geworden sind, nicht sich selbst überlassen. Wir werden genötigt bleiben, ihnen zu helfen. Wir können diese Hilfe nur leisten, wenn wir alle uns einengen und in manchem unbehaglicher leben, als es vor dem Kriege der Fall gewesen. Wir erreichen durch solche Opfer, daß wir wertvollste Teile der deutschen Wirtschaft, die Menschenkräfte in tunlichst großem Umfang erhalten und für künftige Aufgaben durchhalten.

Wir haben gegenwärtig, wenn wir die Familien der heute Arbeitslosen hinzurechnen, 10 Millionen Menschen in Deutschland, die keine auskömmliche Existenz finden können. Dies bedeutet noch nicht Verdammung unserer derzeitigen Sachwirtschaft, ist aber ein Zeichen unzureichender Volkswirtschaft. Sie wird in ihrem Bestand durch die Gefahr innerer Unruhen bedroht, wie sie leiblicher Hunger und seelischer Druck unter den Beschäftigungslosen und ihren Familien nur allzuleicht auslösen.

Nichts ist erschütternder, als wenn infolge der Wirtschaftsstruktur und ihrer Mängel der Arbeitswillige keinen Erwerb finden kann, aber nichts ist auch naheliegender, als daß der durch vergebliche Arbeitssuche Zerrüttete infolge gewährter Unterstützungen eingelullt wird, an seinen Zustand sich gewöhnt, willensschwach natürlicher Trägheit und Lässigkeit nachgibt. Niemals soll die Unterstützung so sein, daß das Interesse an Erlangung einer Arbeitsgelegenheit, auch Annahme auswärtiger und unbequemerer Tätigkeit, erheblich abgeschwächt wird, ein Gesichtspunkt, den die Verordnung der Volksbeauftragten vom 13. November 1918 außer acht gelassen hat. Daher liegt die beste Unterstützung darin, für tunlichst viele der Erwerbslosen ein neues ergebnisreiches Tätigkeitsfeld zu suchen, nicht ziellose, wenig bedeutende Notstandsarbeiten anzuordnen, die der einzelne schnell als Kraftvergeudung betrachtet.

Noch andere Gesichtspunkte sind bei der Fortführung unserer Sozialpolitik zu beachten, deren wichtigste ich wenigstens kurz berühren will. Gerade weil wir mit Maßnahmen staatlicher, sozialer Hülfeleistung infolge unserer nicht schnell zu behebenden Verarmung festgelaufen sind, muß der Arbeiter in der sozialen Fürsorge mehr in seiner menschlichen Ganzheit erfaßt werden, als Vollbringer beruflicher Fertigkeiten, als Glied des Erzeugungsprozesses, als bewußter Teil der großen sozialen Gemeinschaft. Die Rückführung der Interessen der Arbeiter zu seinem eignen Betrieb, zu seinem Werk, das zugleich die Zelle des sozialen Lebens darstellt, kann sein Verhältnis zum Unternehmer in menschlichere Formen bringen, das Gefühl persönlicher Verantwortung, das in der zentralisierten Sozialpolitik der letzten Jahre verloren gegangen ist, allmählich wieder heben. Je mehr der Arbeiter mit dem eignen Werke verwächst, desto mehr wird er sich zur Einsicht durchringen, daß auch er nicht ausgenommen werden kann von der Niederlage des ganzen Volkes, daß er seine Bedürfnisbefriedigung in mancher Hinsicht einengen muß, wenn nicht die gesamte Wirtschaft zusammenbrechen soll.

Der am 15. November 1918 gegründeten zentralen Arbeitsgemeinschaft, die mit den Namen Stinnes und Legien verknüpft ist, bleibt das geschichtliche Verdienst, in dem Sturm der Revolution das Zusammenprallen der großen sozialen Mächte abgeschwächt, die Wirtschaft vor dem Chaos bewahrt zu haben, wenn sie auch bei der Lösung der neugestellten Probleme versagte, weil sie zu sehr reiner Zweckverband, lediglich eine Versicherung auf Gegenseitigkeit gewesen. Künftig müssen die Eigeninteressen stärker zurücktreten hinter einer neu zu schaffenden sozialen und nationalen Gesinnungsgemeinschaft, die zu erzielen ist, wenn in den Betriebsverwaltungen der Geist der Kameradschaftlichkeit herrscht, wie er innerhalb der Vereinigten Staaten bei jedem gutgeleiteten Werk in einer für uns Deutsche kaum vorstellbaren Weise gesichert erscheint.

Weil wir uns nicht nur auf Hilfe vom Ausland verlassen dürfen, sondern auf eigne Sparsamkeit für die Wiedergewinnung des deutschen Wohlstands angewiesen sind, dürfen wir auch Versuche nicht unbesehen und ungeprüft abweisen, die mitbeteiligten Hände, die Arbeiter, durch ihre, wenn auch noch so bescheidenen Rücklagen zur nötigen Kapitalsammlung beitragen zu lassen. Die Errichtung von Werkssparkassen mit Beteiligung am Werksgewinn kann für manchen Betrieb zur Ansammlung eignen Vermögens aus kleinen und kleinsten Quellen führen, wie sie gleichzeitig die Arbeiter an dessen Rentabilität interessiert. Freilich kommen für solche Versuche nur gesicherte, gut geleitete Unternehmungen ernstlich in Frage, die davon absehen, dem Arbeiter ein für ihn unerträgliches Kapitalwagnis aufzubürden.

Manche wähnten in jüngst vergangenen Jahren, es ließe sich leichthin eine Rückkehr zu den Annehmlichkeiten der Zeit vor dem Weltkriege ermöglichen, die wie ein verschwundenes Wunschland uns heute erscheint. Weder Vermehrung, wie die Kühnsten meinten, noch Rückgewinnung des Verlorenen wird schnelle Wirklichkeit werden. In solchen Träumen liegt ein Grundirrtum fast aller Kreise unserer Bevölkerung, von denen die Wohlhabenden mehr ausgeben und weniger sparen als ehedem, die Armen mehr ausgeben und weniger arbeiten wollen, als dies in früheren Jahren der Fall gewesen.

Wer die Schicksalswende, die für Europas Völker, auch für uns gekommen ist, nicht verkennt, wird verlangen, daß wir einen Kerngedanken bei der wirtschaftlichen Neueinstellung nicht aus den Augen verlieren. Wir müssen bei der allmählichen Umgestaltung des Wirtschaftsapparates, bei unserm erneuten Vordringen auf dem Weltmarkt, bei allen Maßnahmen sozialer Fürsorge immer wieder unsere Aufmerksamkeit darauf richten, mit allen Mitteln, bei allen Versuchen die *Arbeitsamkeit* und den *Sparbetrieb* von neuem zu fördern. Wir müssen, indem wir selbst mit gutem Beispiel vorangehen, die *Erziehungsarbeit wieder aufnehmen und fortsetzen, die uns in der Vorkriegszeit eine Selbstverständlichkeit gewesen.* Nur mit zähem Krafteinsatz und steter Selbstverleugnung, mit Hingabe an die Aufgaben und Enthaltsamkeit beim Verbrauch des Gewonnenen können wir neues Vermögen gründen, verlorenen Wohlstand allmählich zurückgewinnen. Darin liegt die unerläßliche Voraussetzung jedes kommenden wirtschaftlichen wie sozialen Fortschrittes. Nicht durch Künsteleien irgendwelcher Art, mögen sie noch so klug ausgedacht werden, entstehen Kapitalien, werden produzierte Produktionsmittel erzielt, d. h. Werte, die mit Mühen erzeugt, für die Neugewinnung anderer Güter bewahrt wurden. Als Kapital dienen uns nur die der Natur abgerungenen Schätze, von Menschenhand durch Menschenwillen geformt, die nicht dem unmittelbaren Verbrauch zugeführt, sondern für Schaffung neuer Güter aufbewahrt werden. Unser Ziel muß sein, die Arbeit zu steigern, immer zweckmäßiger zu gestalten, ihre Ergebnisse gerecht zu verteilen und gleichzeitig zu sparen, das Zurückgelegte zu wahren, richtig zusammenzufassen, in wirtschaftlichen Verbesserungen und Neuanlagen wirken zu lassen.

Es ist jüngst aus berufenem Munde in Köln gewünscht und verlangt worden, daß alle mitwirken sollten, ein freies, neues, großes Deutschland erstehen zu lassen. Dies kann nur kommen auf dem Fundament einer neuen Wirtschaft. Keiner hat dies richtiger erkannt, als Walther Rathenau, der nicht lange vor seinem tragischen Ende das Wort sprach: „Wirtschaft ist Schicksal!"

Dieser Satz gilt nicht für alle Staaten und alle Zeiten. Aber für unser, in engeren Grenzen eingepferchtes, verkümmertes, parteipolitisch zerrissenes, militärisch ohnmächtiges Deutschland gibt es nur den Appell an das Recht und die internationale Gerechtigkeit, kein Einsetzen politischer Kampfmittel irgendwelcher Art. Dem Ruf nach Freiheit können wir Nachdruck verleihen lediglich durch den Hinweis auf die Notwendigkeit friedlicher, aufbauender Wirtschaftsarbeit, auf den Segen wechselseitiger Hilfe im Rahmen ungestörter Weltwirtschaft. Der viel zitierte Geist von Locarno muß innen- wie außenwirtschaftlich sich ganz anders durchsetzen, als dies bis jetzt der Fall gewesen. Nicht durch die Sonne Yorks — um Shakespeares Wort aus seinem grandiosen Richard III. zu variieren und mit ihm zu schließen —, d. h. nicht durch Warten auf die Wunderkraft eines erst kommenden Führers, auch nicht durch Wiederholung des ewig Gestrigen, sondern durch Arbeit und Sparsamkeit, durch Fleiß und Enthaltsamkeit wird und muß der Winter unseres Mißvergnügens dereinst glorreichem Sommer wieder weichen.

Gedruckt bei A. W. Hayn's Erben, Potsdam

FSC
www.fsc.org
MIX
Papier | Fördert gute Waldnutzung
FSC® C083411

Kolibri 360 GmbH
Ferdinand-Jühlke-Straße 7
99095 Erfurt, Deutschland
produktsicherheit@kolibri360.de